VICTOR THIAGO PORTO DOS SANTOS

Atlético de Alagoinhas | Bahia de Feira | Bahia | Fluminense de Feira | Jacobina | Jacuipense | Juazeirense | Vitória da Conquista | Vitória | Ypiranga

Galicia | Catuense | Botafogo da Bahia | Colo Colo | Leónico | Cajazeiras | Grapiúna | Barcelona de Ilheus | Teixeira de Freitas | Flamengo de Guananbi

Juazeiro | Camaçari | Itabuna | Lusaca | Atlântico | Redenção | Jequié | Serrano | Conquista | Poções

ABB | Madre de Deus | A.Atlético da Bahia | Camaçariense | Cruzeiro Cruz das Almas | Feirense | Yankee | São Salvador | Olimpia | Santos Dumont

Enciclopédia Futebol Baiano

Atlanta | Ilheus | Energia Circular | Fluminense de Salvador | Guarany de Salvador | Bahiano de Tênis | Humaitá | Barreiras | São Francisco | Cannaã

Unirb | Ideal | Doce Mel | São Cristovão | River de Ilheus | Internacional de Cricket | A.C.Esportiva Jorge Amado | Eunápolis | Estrela de Março | Jequieense

Monte Libano | Itapagipe | Aliança | Ratrans | Flamengo de Ilheus | Ipitanga | Astro | Santa Cruz | Nacional | Royal

São Bento | São Paulo | República | Democratas | Vitória de Ilheus | Smtc | Botafogo de Santo Amaro | Internacional de Salvador | Monte Rey | Sisal Bonfinense

Paulo Afonso | Itapetinga | Abrantes FC | Real Salvador | Bahiano AC | Brasileiro | Periperi | Atlético de Salvador | Jacobinense | Porto

Enciclopédia do Futebol Baiano

Autor

Victor Thiago Porto dos Santos

Ano 2022
Atualizado 2024

ISBN: 978-65-5392-318-8

Este livro estar à venda na:

Introdução

O site "Futebol da Bahia" foi fundado por Victor Thiago Porto dos Santos em 30 de agosto de 2017, às 09:43 da manhã, com o intuito de resgatar e divulgar as glórias e histórias do futebol baiano desde 1905. Após anos de dedicação, em 2022, o site foi extinto e transformado em um livro, consolidando sua missão de eternizar a rica história do futebol na Bahia. Agora, essa obra não apenas compartilha conhecimento, mas também se torna uma parte da vida dos leitores, preservando cada detalhe dessa trajetória incrível.

Primeira Edição 2022 Atualizado 2024

Edição de Texto: Victor Thiago Porto dos Santos

Revisão Ortográfica: João Carlos Santos

Projeto Gráfico: Victor Thiago Porto dos Santos

Ilustração de Capa e Miolo: Victor Thiago Porto dos Santos

Pesquisa: Victor Thiago Porto dos Santos

Seja Bem Vindo

História do Futebol Baiano

Fundada com o nome de Liga Bahiana de Sports Terrestres (LBST) pela Federação Bahiana de Desportos Terrestres (FBDT) - atualmente Federação Bahiana de Futebol -, no dia 15 de novembro de 1904, tendo quatro clubes como fundadores: São Paulo Club, Clube Internacional de Cricket, Sport Club Victoria (atual Esporte Clube Vitória) e Sport Club Bahiano. No *Jornal de Notícias* noticiou-se assim:

" ***Anteontem, dia 15 às 11 horas do dia, reunidos alguns sócios dos Clubes Vitória, Internacional, Bahiano e São Paulo, na sede deste, instalaram a Liga Bahiana de Sports Terrestres que tem por fim dar maior desenvolvimento aos esportes terrestres da Bahia*** . "

No ano seguinte, em 1905, foi realizado o primeiro Campeonato Baiano. O São Paulo Club não participou do Campeonato por motivos de falta de jogadores, que foram para outros clubes. Em fevereiro do mesmo ano, o São Salvador filiou-se à Liga, que teve como campeão o Internacional de Cricket, que disputou o título contra apenas três outros clubes.

Após dois bicampeonatos, um do São Salvador e outro do Victoria,e conquistas solitárias do Santos Dumont, SC Bahia e Atlético de Salvador, o certame passou a ser organizado de forma diferente, fato que não agradou a nenhum dos clubes que o disputavam, fazendo com que estes deixassem a disputa.

Nos anos 10, 20 e 30, dois clubes dominaram o cenário estadual. Ypiranga, com 10 títulos, e o Botafogo de Salvador, com 7, conquistaram a maioria absoluta de seus troféus nesse intervalo de tempo, que ainda teve o surgimento do Esporte Clube Bahia, maior vencedor da história da disputa (apesar de ser fundado apenas em 1931), com 46 títulos, um dos maiores campeões estaduais do Brasil, tendo sido tetracampeão por duas vezes 47-48-49-50- e 81-82-83-84, além de pentacampeão 58-59-60-61-62 e heptacampeão (73 a 79), e Galícia, que tem 5 títulos do certame, tendo sido o primeiro tricampeão consecutivo da história, em 41-42-43 O Ypiranga é o clube com mais títulos de campeão baiano invicto. No total foram sete: em 1917, 1918, 1921, 1925, 1928, 1929 e 1932. Seguido pelo Bahia com 4 títulos invicto. O Ypiranga ao lado do Vitória são os únicos a conquistarem o título com 100% de aproveitamento. Isso ocorreu quatro vezes. Em 1918 disputou 8 partidas e venceu todas e em 1921 disputou 11 partidas e venceu todas. Já o Vitória conquistou em 1908, quando ainda o campeonato se chamava Liga Bahiana de Sports Terrestres (LBST), e em 2005 no formato atual.

O Vitória sem muita força no futebol estadual, passou a demonstrá-la na década de 1950, quando conquistou 3 títulos, em 1953, 1955 e 1957. Após outros títulos esparsos, passou a conquistar a hegemonia contemporânea do Campeonato a partir do ano de 1989, conquistando 70,0% (setenta porcento) dos títulos desde então, dentre eles o primeiro tricampeonato (95-96-97) e dois tetracampeonatos (2002-2003-2004-2005 e 2007-2008-2009-2010).

Bahia e Vitória são os que mantêm a hegemonia estadual há mais de 60 anos. Para se ter uma ideia desse domínio, nesse tempo, o único Campeonato que não teve um desses times como campeão ou vice foi em 1968, quando o Galícia se sagrou vencedor em cima do Fluminense de Feira, que ficou em segundo colocado. O Flu de Feira, primeiro clube do interior a disputar o certame (em 1956, chegando a final contra o Bahia e perdendo a decisão), foi campeão por duas vezes, em 1963 e 1969. O Guarany e o Leônico conseguiram ser campeões em meio a esse domínio da dupla Ba-Vi, em 1946 e 1966, respectivamente.

Além do Fluminense de Feira, apenas dois clubes do interior têm títulos baianos. O Colo Colo, em 2006, e o Bahia de Feira, em 2011. Com isso, Feira de Santana e Ilhéus são as duas únicas cidades do interior que tem time campeão baiano.

O Campeonato Baiano teve dois campeões ao mesmo tempo em duas ocasiões: em 1938, quando houve um "cisma" no futebol baiano, porque nem todos os clubes que disputaram o primeiro turno, vencido pelo Botafogo, quiseram jogar o segundo, então, a Liga Baiana de Esportes Terrestres resolveu fazer outro campeonato; e 1999, quando o título foi contestado pelo Bahia na Justiça Desportiva, alegando que o estádio do adversário, o Barradão, era pequeno demais para uma final (o regulamento determinava que o mando de campo da partida decisiva era do Vitória). Ao final, a Federação Baiana dividiu o título entre os dois clubes.

O atacante Neto Baiano igualou a marca de Cláudio Adão em 1986 (que na época jogava no Bahia) como o maior artilheiro da história do Campeonato Baiano quando marcou 27 gols em 2012, atuando pelo Vitória.

Nas edições de 2013 e 2014, o campeonato obteve o patrocínio da Chevrolet, pelo qual foram negociados os direitos de nome (*naming rights*). Por conta disso, o nome da competição foi denominado Campeonato Baiano Chevrolet. Após dois anos de parceria, a empresa anunciou que não mais patrocinaria o estadual a partir de 2015 (assim como os demais estaduais que patrocinava).

1904 A 1919

1920 A 1940

1941 A 1958

1959 A 2019

2019 Atual

Primeiros Campeonatos de 1905 a 1910

Realizado Pela Liga Bahiana de Sports Terrestres
Campeonato Baiano 1905

Clubes Participantes 4

Sport Club Bahiano (Salvador)

Clube Internacional de Cricket (Salvador)

Clube de Natação e Regatas São Salvador (Salvador)

Club de Cricket Victoria (Salvador)

Primeiro Jogo

Em 9 de abril de 1905, no Campo da Pólvora, teve início o 1º Campeonato Baiano de Futebol com o jogo entre o Vitória e Internacional. Um grande público se fez presente, animado por uma banda de música. O jogo começou às 16h30 e terminou com a vitória do Internacional por 3 a 1, com dois gols de Stewart e um de Hayne, descontando para o Vitória, Juvenal Tarquínio, em partida arbitrada pelo Sr. Aníbal Petersen.

O Vitória atuou com Luiz Tarquínio, Pedro Ferreira e Rodrigo Sampaio; Oscar Luz, Alberto Catarino e Arnaldo Moreira; Oscar Alves, Juvenal Tarquínio, Álvaro Tarquínio, Pedro Barbosa e W. Chest.

O Internacional jogou com G. Orr, C. C. Scharp e C. North; D. Mc Nair, A. E. Gleig e R. V. Vero, J. C. Covey, A. Hayne, F. Stewart e J.

Jogos do 1 e 2 Turnos

09/04/1905 - Internacional 3 x 1 Vitória, no Campo da Pólvora à 16h30
Gols: Stewart (2) e Hayne, para o Internacional; e Juvenal Tarquínio, para o Vitória.
Árbitro: Sr. Aníbal Petersen.

16/04/1905 - Internacional 2 x 0 São Salvador
Gols: Scharp e Stewart

30/04/1905 - Vitória 4 x 0 Bahiano

07/05/1905 - São Salvador 3 x 0 Bahiano

21/05/1905 - São Salvador 4 x 2 Vitória

11/06/1905 - Internacional 3 x 1 Bahiano

17/07/1905 - Vitória 0 x 1 São Salvador

23/07/1905 - Bahiano 0 x 3 Internacional

30/07/1905 - Bahiano 0 x 2 São Salvador

20/08/1905 - Bahiano 0 x 3 Vitória

27/08/1905 - São Salvador 1 x 2 Internacional
10/09/1905 - Vitória 0 x 1 Internacional
Classificação Final
1° - Internacional 12 Pontos Ganhos (Campeão) 2° - São Salvador 8 Pontos 3° - Victória 4 Pontos 4° - Bahiano 0 Pontos
Periodo do Campeonato: 30/04/1905 a 10/09/1905
Total de Gols: 36
Total de Partidas: 12
Artilheiro: Stewart 6 Gol Jogador do Internacional de Cricket

Campeão: Internacional de Cricket

Vice-Campeão: São Salvador

Todos Os Jogos Realizado No Campo da Pólvora

Realizado Pela Liga Bahiana de Sports Terrestres
Campeonato Baiano 1906

Clubes Participantes 5
Clube de Natação e Regatas São Salvador (Salvador)
Sport Club Bahiano (Salvador)
Clube Internacional de Cricket (Salvador)
Club de Cricket Victoria (Salvador)
Clube de Esporte Santos Dumont (Salvador)
Jogos 1 e 2 Turnos
6/05/1906 São Salvador 2 X 0 Vitória
13/05/1906 Internacional 4 X 0 SC Bahiano
20/05/1906 Vitória 4 X 0 Santos Dumont
27/05/1906 São Salvador 1 X 0 Internacional
3/06/1906 Santos Dumont 0 X 0 SC Bahiano
10/06/1906 Vitória 2 X 1 Internacional
1/07/1906 Vitória 7 X 0 SC Bahiano
1/07/1906 Vitória 0 X 0 São Salvador
29/07/1906 São Salvador 3 X 0 Santos Dumont
5/08/1906 Santos Dumont 1 X 0 Vitória
12/08/1906 São Salvador 1 X 0 SC Bahiano
19/08/1906 SC Bahiano 0 X 5 Vitória
26/08/1906 Santos Dumont 0 X 1 São Salvador
2/09/1906 SC Bahiano 0 X 0 Santos Dumont
Classificação Final
OBS – Internacional de Cricket se retirou do campeonato seus pontos foram cancelados. **1 São Salvador 11 Pontos Campeões** **2 Vitória 7** **3 Santos 4** **4 SC Bahiano 0**
Periodo do Campeonato: 6/5/1906 a 6/9/1906
Total de Gols: 36
Total de Partidas: 14
Artilheiro:
Continuação ....

Campeão: São Salvador

Vice-Campeão: Vitória

Realizado Pela Liga Bahiana de Sports Terrestres
Campeonato Baiano 1907

Clubes Participantes 4
Bahiano (Salvador)
Santos Dumont (Salvador)
São Salvador (Salvador)
Vitória (Salvador)
Regulamento
Todos os clubes se enfrentariam em jogos de ida e volta o melhor classificado ao fim dos confrontos se consagraria o campeão
1 & 2 Turnos
26/05/1907 Santos Dumont 4 X 0 Bahiano
02/06/1907 São Salvador 4 X 2 Santos Dumont
16/06/1907 Vitória 5 X 0 Bahiano
21/07/1907 Vitória 0 X 0 Santos Dumont
04/08/1907 Bahiano 0 X 6 Vitória
22/08/1907 Bahiano 0 X 1 São Salvador
01/09/1907 Santos Dumont 0 X 0 Vitória
15/09/1907 Bahiano 1 X 4 Santos Dumont
29/09/1907 Vitória 2 X 2 São Salvador
13/10/1907 Santos Dumont 1 X 2 São Salvador
Classificação Final
1° - São Salvador 11 Pontos Ganhos (Campeão) 2° - Vitória 7 Pontos 3° - Santos Dumont 6 Pontos 4° - Bahiano 0 Pontos
Periodo do Campeonato: 26/05/1907 a 13/10/1907
Total de Gols: 43
Total de Partidas: 10
Artilheiro:

Bi-Campeão: São Salvador

Todos Os Jogos Realizado Ground do Rio Vermelho Na Fonte do Boi

Realizado Pela Liga Bahiana de Sports Terrestres
Campeonato Baiano 1908

Clubes Participantes 3

Santos Dumont (Salvador)

São Salvador (Salvador)

Vitória (Salvador)

Regulamento

Os três clubes jogariam em turno e returno, todos contra todos, e o maior pontuador ao fim do returno seria o grande campeão

Jogo 1 & 2 Turnos

07/06/1908 Vitória W0 X 0 São Salvador

14/06/1908 Santos Dumont 1 X 2 Vitória

20/06/1908 São Salvador 0 X 4 Santos Dumont

12/07/1908 Vitória 1 X 0 São Salvador

26/07/1908 Santos Dumont 0 X 2 Vitória

09/08/1908 São Salvador 0 X W0 Santos Dumont

Classificação Final

1° - Vitória 8 Pontos Ganhos (Campeão)
2° - Santos Dumont 4 Pontos
3° - São Salvador 0 Pontos

Periodo do Campeonato: 07/06/1908 a 09/08/1908

Total de Gols: 10

Total de Partidas: 6

Artilheiro:

Campeão: Vitória

Vice-Campeão: Santos Dumont

Todos Os Jogos Realizado Ground do Rio Vermelho Na Fonte do Boi

Realizado Pela Liga Bahiana de Sports Terrestres Campeonato Baiano 1909
Clubes Participantes 4
Sport Club Bahiano (Salvador)
Clube de Esporte Santos Dumont (Salvador)
Clube de Natação e Regatas São Salvador (Salvador)
Esporte Clube Vitória (Salvador)
Jogos 1 & 2 Turnos
23/05/1909 Vitória 3 X 1 São Salvador
13/06/1909 Santos Dumont 1 X 2 Vitória
04/07/1909 Santos Dumont 1 X 0 São Salvador
11/07/1909 São Salvador 0 X W0 Vitória
25/07/1909 Vitória 1 X 1 Santos Dumont
08/08/1909 São Salvador 0 X 0 Santos Dumont
Classificação Final
1° - Vitória 7 Pontos Ganhos (Campeão) **2° - Santos Dumont 4 Pontos** **3° - São Salvador 1 Pontos**
Periodo do Campeonato: 23/05/1909 a 08/08/1909
Total de Gols: 36
Total de Partidas: 10
Artilheiro:
Bi - Campeão: Vitória **Vice-Campeão: Santos Dumont**

Realizado pela Liga Bahiana de Sports Terrestres

Campeonato Baiano 1910

Clubes Participantes 4
Rio Vermelho (Salvador)
Santos Dumont (Salvador)
São Paulo (Salvador)
Vitória (Salvador)
Jogos 1 & 2 Turnos
22/05/1910 São Paulo 0 X 0 Rio Vermelho
29/05/1910 São Paulo 1 X 0 Vitória
05/06/1910 Santos Dumont 3 X 0 Rio Vermelho
12/06/1910 São Paulo 1 X 1 Santos Dumont
19/06/1910 Vitória 2 X 0 Rio Vermelho
26/06/1910 Santos Dumont 2 X 0 Vitória
29/06/1910 Rio Vermelho 0 X 1 São Paulo
10/07/1910 Vitória 0 X 2 São Paulo
17/07/1910 Rio Vermelho 1 X 4 Santos Dumont
31/07/1910 Rio Vermelho 3 X 0 Vitória
07/08/1910 Santos Dumont 0 X 0 São Paulo
10/08/1910 Vitória 1 X 2 Santos Dumont
Regulamento
Todos os clubes se enfrentariam em jogos de ida e volta o melhor classificado ao fim dos confrontos se consagraria campeão
Classificação Final
1° - Santos Dumont 10 Pontos Ganhos (Campeão) 2° - São Paulo 9 Pontos 3° - Rio Vermelho 3 Pontos 4° - Vitória 2 Pontos
Periodo do Campeonato: 22/05/1910 a 11/12/1919
Total de Gols: 24
Total de Partidas: 12
Artilheiro:

Campeão: Santos Dumont

Vice-Campeão: São Paulo

Ground do Rio Vermelho Na Fonte do Boi

Primeiros Estádios

Campo da Pólvora

Tudo começou no ano de 1901 no Campo da Pólvora em Nazaré onde eram disputados os "matchs ou baba" de futebol amistosos desde inícios do século Numa crônica para a revista *Semana Sportiva* (1922) o jornalista Aloísio de Carvalho Filho lembrava com saudosismo, Para ir ao *Campo da Pólvora* o caminho era um só e o veículo unicamente um. Todos iam a pé desde São Pedro. Iam e voltavam e lá se não tivessem amigos nas vizinhanças que lhes emprestassem cadeiras teriam que ficar a tarde toda em pé

Hayne, Stewart, Gleigh, Scharp, North, Era assim com sobrenomes ingleses que se escalava o primeiro campeão baiano em 1905 o Internacional de Cricket curiosas para ver os homens correndo e experimentando a esfericidade daquele objeto ainda estranho a Bola as pessoas se aglomeravam ao redor do nosso primeiro campo campo chamada de quadrilátero o ultimo jogo foi Inter 1 x 0 Victória no dia 10 de setembro as partidas foram todas no campo da pólvora onde hoje ficar o Fórum Ruy Barbosa e a estação do metrô o Internacional de Cricket venceu os Times Victória, Bahiano e São Salvador.

O Campo se tornou oficial em 09 de abril de 1905 quando se disputaram pela primeira vez os jogos organizados pela Liga Baiana de Esportes Terrestres na data a quadra toda embandeirada, cerca de 100 cadeiras de madeira em volta, emprestadas pelo Circo Luzitano, e uma banda de música da Policia Militar para imprimir um ar solene ao espetáculo. O Internacional venceu o Esporte Clube Vitória por 3 a 1, mas o clima de confraternização superava o desanimo do rubro-negro que no jogo seguinte goleou o Baiano.

Em 29 de maio de 1906, conforme revela a foto do jogo entre Santos Dumont e Bahiano, com placar de 4 a 0 Campo da Pólvora assistiu ao último jogo do campeonato.

Ground do Rio Vermelho, na Fonte do Boi

No ano de 1907 Salvador ganhou seu segundo campo de futebol então denominado Ground do Rio Vermelho na Fonte do Boi onde hoje é Rua Fonte do Boi para onde a Liga transferiu o certame desconfortável para a torcida tanto quanto o outro mas já tinha meia grama e isso era um avanço Inaugurado em 02 de junho de 1907 a princípio não agradou era distante e cobrava-se ingresso uma novidade para quem estava acostumado a assistir gratis.

Campo da Graça

Mais tardeb foi montada uma pequena arquibancada de madeira e promovidas melhorias, até Salvador ganhar de fato uma estrutura profissional para o jogo da bola: o Campo da Graça construído por iniciativa de Arthur Moraes, inaugurado em 15 de novembro de 1920.

De acordo com o jornal Popular da Tarde a inauguração se deu com um jogo entre dois times: AZUL e BRANCO sendo que o time AZUL venceu por 3 a 2.

Fonte Nova Antiga

O estádio teve a honra de receber como convidado especial o Príncipe Umberto de Savoia, herdeiro do trono italiano, em 1924. E foi no Campo da Graça que o Esporte Clube Bahia obteve em 1931, o primeiro título de Campeão Baiano.

Mais de três décadas se passaram até a construção no antigo montouro da cidade, amontoado de lixo à beira do Dique do Tororó, o Estádio Otávio Mangabeira que o povo se encarregou de nominar de Fonte Nova em função da fonte de água existente ali, com seu imaginário de lendas de tesouros escondidos nas galerias do entorno.

Inaugurado em 28 de janeiro de 1951, com um anel e capacidade estimada em 30.000 torcedores, tinha acesso apenas pelo bairro de Nazaré. Projeto do arquiteto Diógenes Rebouças que orientou também a sua ampliação vinte anos depois quando construído um segundo pavimento.

Maiores Clássicos

Bavi

Maior clássico de futebol baiano **Esporte Clube Bahia X** **Esporte Clube Vitória**

Pela grandeza das torcidas e tradição dos dois clubes envolvidos é considerado o maior clássico da região Norte-Nordeste e um dos maiores do Brasil envolvendo o *"Esquadrão de Aço"* e o *"Leão da Barra"*, que alimentam essa rivalidade há mais de 80 anos, em confrontos desde 1932.

O primeiro jogo entre os dois clubes foi realizado no antigo Campo da Graça mas o clássico só viria a atingir a dimensão que possui hoje e atrair um número maior de torcedores graças a construção do antigo Estádio Octávio Mangabeira (atual Arena Fonte Nova), onde foram disputados a grande maioria dos Ba-Vis. De 1995 pra cá muitos clássicos passaram a ser disputados também na casa do Vitória o Estádio Manoel Barradas conhecido como Barradão.

Em nove edições da Copa do Nordeste o Ba-Vi decidiu três com duas conquistas do Vitória (1997 e 1999) e uma do Bahia (2002) sendo este o único clássico estadual a atingir uma final do *"Nordestão"* O Ba-Vi também é um dos poucos clássicos brasileiros em que foram disputados jogos do Campeonato Brasileiro nas Séries A, B e C.

Em 2016, foi eleito pela revista inglesa de esportes *FourFourTwo* como um dos 50 maiores clássicos entre clubes do mundo, ficando na 42º posição e o 4º entre os brasileiros.

Atualizado 02/10/2024

Bahia 195 Vitória(s) 682 Gols

Vitória 153 vitória(s) 590 Gols

Empates 152

Total de Jogos 500

Total de Gols 1.272

CLÁSSICO DE OURO

Esporte Clube Ypiranga X Galícia Esporte Clube Já foi considerado o maior clássico do futebol baiano muitas décadas 70 entretanto com o crescimento de Bahia e Vitória e a decadência de Galícia e Ypiranga o clássico perdeu força e com descensos das equipes tem sido realizado com frequência muito menor às vezes transcorrendo anos sem que haja uma edição sequer do dérbi o Galícia leva vantagem em 5 de maio de 1964 ocorreu o único WO, em favor do Galícia.

O clássico foi eleito em 2015 por um grupo de jornalistas brasileiros como o 22º maior clássico futebolístico nordestino considerando aqueles confrontos entre clubes de mesma cidade.

A primeira partida foi realizada em 25 de julho de 1934 no Campo da Graça principal cenário do futebol baiano da época o Esporte Clube Ypiranga obteve a vitória por 1 a 0. Desde então o Galícia Esporte Clube obteve cinco títulos baianos (1937, 1941, 1942, 1943 e 1968) enquanto o Esporte Clube Ypiranga obteve mais dois títulos, em 1939 e 1951 Os confrontos ocorrem no Campeonato Baiano da Primeira Divisão até o ano de 1988 quando ocorreu o primeiro confronto entre ambas as equipes em jogo válido pelo Campeonato Baiano da Segunda Divisão no quadrangular final da competição, ocorreu empate em 1 a 1 sendo esta a única partida que o campeão Galícia não venceu em toda a competição a partida válida pela última rodada foi cancelada devido ao título antecipado do Galícia Na década de 1990 voltaram a se enfrentar na 1ª Divisão, o último confronto foi em 23 de janeiro de 1999 com vitória do Galícia no Estádio de Pituaçu por 1 a 0 Desde então enfrentaram-se somente na 2ª Divisão (2000, 2006, 2010 a 2013) e duas vezes na Taça Estado da Bahia em 2006 com duas vitórias do Galícia: 1 a 0 e 4 a 1.

Atualizado 03/06/2020

Galicia 59 **Vitória(s)** 218 **Gols**

Ypiranga 45 **Vitória(s)** 201 **Gols**

Empates 37

Total de Jogos 141

Total de Gols 419

CLÁSSICO DO POTE

Tradicional clássico baiano que envolve o **Botafogo Sport Club X Esporte Clube Bahia**

Em 7 de junho de 1931 quando havia a realização do 1° encontro entre Bahia e Botafogo um homem do povo torcedor botafoguense fanático comprou um pequeno pote de barro e o enfeitou de vermelho e branco com fitinhas de papel de seda Seria ele quebrado solenemente após o jogo como uma homenagem *sui-generis* à vitória do seu clube Não teve porém este prazer e durante seis longos anos onde foram disputadas 12 partidas, o pote foi a campo era recebido debaixo de delírio da torcida botafoguense e de lá voltava sem ser quebrado.

Finalmente, em 5 de setembro de 1937 conseguiu o Botafogo a sua primeira vitória sobre o Bahia e após o jogo no centro do campo foi o pote quebrado com indescritível entusiasmo.

A reedição do clássico poderia ter ocorrido novamente em campo no Campeonato Baiano de 2013 após 23 anos mas não ocorreu devido ao formato da competição

CLÁSSICO DO CACAU

Itabuna Esporte Clube de Itabuna X Colo Colo de Futebol e Regatas de Ilhéus

Atualizado 03/06/2020

Itabuna 7 **Vitória(s)** 26 **Gols**

Colo Colo 9 **Vitória(s)** 27 **Gols**

Empates 5

Total de Jogos 21

Total de Gols 53

Clássico da Laranja

Clássico do futebol baiano entre os clubes **Atlético de Alagoinhas X Catuense** usou por um tempo a cidade de Alagoinhas como sua casa mandando seus jogos no Carneirão e nessa época a cidade era a maior produtora de laranja do Estado.

Clássico das Cores

Esporte Clube Bahia X Galícia Esporte Clube

O primeiro confronto entre os dois clubes soteropolitanos ocorreu pelo primeiro turno do Campeonato Baiano de Futebol de 1934 O Bahia venceu a partida por por 3 a 1 no dia 16 de agosto de 1934 no segundo turno da mesma competição novamente o Bahia venceu o Galícia por um placar mais apertado 3 X 2 ocorrido no dia 18 de outubro do mesmo ano.

Em 9 de fevereiro, pela segunda fase do Campeonato Baiano de 2014 o clássico voltou a ocorrer depois de um hiato de 15 anos na principal competição estadual A volta veio com a vitória do Demolidor de Campeões, de virada sobre o Esquadrão, que havia ganhado a última partida até então no dia 21 de fevereiro pelo Baiano de 1999 edição na qual o Galícia foi rebaixado.

Atualizado 03/06/2020

Bahia 130 Vitória(s) 436 Gols

Galicia 48 Vitória(s) 267 Gols

Empates 58

Total de Jogos 236

Total de Gols 703

X

Clássico do Povo

Clássico das Multidões é um clássico de futebol confrontado entre o **Esporte Clube Ypiranga X Esporte Clube Bahia.**

O nome se deu devido aos dois times soteropolitanos terem um grande número de torcedores e serem bastante populares.

X

Clássico do Polo

X

Clássico Juá Juá ou Ju Ju

Os confrontos entre o **Juazeiro Social Club X Sociedade Desportiva Juazeirense** configuram um recente clássico do futebol baiano conhecido como **JUJU**

Juazeiro 2 **Vitória(s)** 11 **Gols**

Juazeirense 7 **Vitória(s)** 17 **Gols**

Empates 1

Total de Jogos 10

Total de Gols 28

Clássico Ajuste de Contas

Tradicional clássico de futebol disputado entre o **Esporte Clube Vitória X Clube de Natação e Regatas São Salvador** que hoje dedica-se somente a esportes aquáticos antes do tradicional clássico Ba-Vi que hoje é um dos maiores do Brasil disputado entre realizava outros clássicos na capital como o com São Salvador clube que ao longo da história conquistou por duas vezes o Campeonato Baiano de Futebol com a extinção da *Liga Baiana* atual Campeonato Baiano o São Salvador desistiu do futebol tendo como atividade atualmente competições aquáticas.

Atualizado 03/06/2020

Vitória 7 **Vitória(s)** 24 **Gols**

São Salvador 5 **Vitória(s)** 16 **Gols**

Empates 2

Total de Gols 0

Total de Jogos 14

Clássico do Café

Confrontos entre **Vitória da Conquista X Serrano Sport Club** chamados de Clássico do Café um clássico da mesma cidade de Vitória da Conquista habitualmente enfrentando se no Estádio Lomanto Júnior.

Atualizado 03/06/2020

Vitória da Conquista 7 **Vitória(s)** 22 **Gols**

Serrano 3 **Vitória(s)** 11 **Gols**

Empates 6

Total de Jogos 16

Total de Gols 33

Classico da Princesa

Atualizado 12/03/2021

Fluminense de Feira 7 Vitória(s) 31 Gols

Bahia de Feira 12 Vitória(s) 38 Gols

Empates 10

Total de Jogos 29

Total de Gols 69

Atualizado 08/08/2020

Bahia 127 Vitória(s)

Fluminense de Feira 38 Vitória(s)

Empates 70

Total de Jogos 235

26/07/2020 –Bahia 2×0 Fluminense de Feira
20/01/2019 –Bahia 0×0 Fluminense de Feira
27/01/2018 –Bahia 0×0 Fluminense de Feira
22/04/2017 –Bahia 1×0 Fluminense de Feira
16/04/2017 –Fluminense de Feira 0 x 3 Bahia
22/02/2017 –Fluminense de Feira 1 x 1 Bahia
20/04/2016 – Bahia 2×1 Fluminense de Feira
09/04/2016 – Fluminense de Feira 0 x 2 Bahia
04/03/2012 – Fluminense de Feira 0x2 Bahia
23/02/2012 – Bahia 4×0 Fluminense de Feira
27/02/2011 – Fluminense de Feira 0x4 Bahia
30/01/2011 – Bahia 1×2 Fluminense de Feira
09/01/2011 – Bahia 1×1 Fluminense de Feira – Torneio Início
17/10/2010 – Fluminense de Feira 1×1 Bahia – C.Nordeste
04/04/2010 – Fluminense de Feira 1×2 Bahia
21/03/2010 – Bahia 3×2 Fluminense de Feira
23/04/2009 – Bahia 3×1 Fluminense de Feira
19/04/2009 – Fluminense de Feira 1×2 Bahia
28/03/2009 – Bahia 0x0 Fluminense de Feira
01/09/2009 – Fluminense de Feira 0x1 Bahia
20/02/2008 – Fluminense de Feira 1×1 Bahia
17/02/2008 – Bahia 2×0 Fluminense de Feira
21/06/2007 – Bahia 3×1 Fluminense de Feira – Amistoso
08/04/2007 – Fluminense de Feira 2×2 Bahia
21/01/2007 – Bahia 3×2 Fluminense de Feira
23/04/2006 – Bahia 2×4 Fluminense de Feira
12/04/2006 – Fluminense de Feira 2×0 Bahia
05/03/2006 – Fluminense de Feira 0x1 Bahia
02/03/2006 – Bahia 0x0 Fluminense de Feira
19/03/2005 – Bahia 1×0 Fluminense de Feira
13/03/2005 – Fluminense de Feira 0x1 Bahia
30/05/2002 – Bahia 2×3 Fluminense de Feira
19/05/2002 – Fluminense de Feira 0x0 Bahia
17/03/2002 – Fluminense de Feira 1×0 Bahia
11/03/2001 – Bahia 1×0 Fluminense de Feira
03/06/2000 – Bahia 3×2 Fluminense de Feira
18/03/2000 – Fluminense de Feira 1×4 Bahia
20/02/2000 – Fluminense de Feira 2×5 Bahia – Amistoso
24/07/1999 – Fluminense de Feira 0x4 Bahia – Amistoso
01/03/1998 – Bahia 7×0 Fluminense de Feira
14/05/1997 – Fluminense de Feira 1×1 Bahia
16/03/1997 – Bahia 2×0 Fluminense de Feira
19/02/1997 – Bahia 0x1 Fluminense de Feira – Copa do Nordeste
14/02/1997 – Fluminense de Feira 1×4 Bahia – Copa do Nordeste
18/09/1996 – Fluminense de Feira 2×3 Bahia – Amistoso
07/04/1996 – Bahia 4×0 Fluminense de Feira
25/02/1996 – Fluminense de Feira 0x1 Bahia
18/08/1995 – Fluminense de Feira 2×2 Bahia
25/06/1995 – Fluminense de Feira 1×1 Bahia

07/06/1995 – Bahia 3×0 Fluminense de Feira
21/05/1995 – Bahia 2×1 Fluminense de Feira
30/06/1994 – Bahia 2×0 Fluminense de Feira
08/05/1994 – Fluminense de Feira 2×3 Bahia
06/04/1994 – Bahia 1×0 Fluminense de Feira
06/03/1994 – Fluminense de Feira 0x4 Bahia
06/02/1994 – Bahia 3×2 Fluminense de Feira – Amistoso
30/05/1993 – Fluminense de Feira 0x0 Bahia
16/05/1993 – Fluminense de Feira 2×0 Bahia
25/04/1993 – Fluminense de Feira 1×2 Bahia
21/03/1993 – Bahia 0x0 Fluminense de Feira
14/02/1993 – Bahia 2×0 Fluminense de Feira
22/11/1992 – Fluminense de Feira 1×2 Bahia
02/09/1992 – Bahia 1×0 Fluminense de Feira
12/12/1991 – Bahia 3×0 Fluminense de Feira
08/12/1991 – Fluminense de Feira 1×1 Bahia
01/12/1991 – Bahia 2×3 Fluminense de Feira
22/09/1991 – Fluminense de Feira 0x0 Bahia
04/08/1991 – Bahia 2×1 Fluminense de Feira
31/07/1991 – Fluminense de Feira 0x0 Bahia
16/07/1991 – Bahia 2×0 Fluminense de Feira
09/06/1991 – Fluminense de Feira 0x0 Bahia – Amistoso
15/08/1990 – Fluminense de Feira 2×3 Bahia – Amistoso
23/05/1990 – Fluminense de Feira 1×1 Bahia
12/05/1990 – Bahia 1×2 Fluminense de Feira
18/02/1990 – Fluminense de Feira 0x1 Bahia
28/06/1989 – Fluminense de Feira 0x1 Bahia
18/06/1989 – Fluminense de Feira 0x0 Bahia
21/05/1989 – Bahia 1×0 Fluminense de Feira
23/04/1989 – Fluminense de Feira 1×0 Bahia
31/07/1988 – Bahia 4×0 Fluminense de Feira
21/07/1988 – Bahia 1×1 Fluminense de Feira
05/06/1988 – Bahia 3×0 Fluminense de Feira
18/05/1988 – Bahia 1×1 Fluminense de Feira
27/04/1988 – Fluminense de Feira 1×0 Bahia
10/04/1988 – Fluminense de Feira 2×1 Bahia
21/06/1987 – Fluminense de Feira 0x2 Bahia
26/04/1987 – Bahia 2×1 Fluminense de Feira
03/08/1986 – Fluminense de Feira 3×4 Bahia – Amistoso
23/04/1986 – Bahia 5×1 Fluminense de Feira
06/04/1986 – Fluminense de Feira 0x0 Bahia
24/11/1985 – Fluminense de Feira 0x1 Bahia
29/10/1985 – Bahia 2×0 Fluminense de Feira
06/10/1985 – Fluminense de Feira 2×1 Bahia – Amistoso
31/10/1984 – Bahia 4×1 Fluminense de Feira
19/08/1984 – Bahia 2×1 Fluminense de Feira
08/07/1984 – Fluminense de Feira 1×1 Bahia
20/11/1983 – Bahia 3×0 Fluminense de Feira
15/11/1983 – Fluminense de Feira 0x1 Bahia

07/09/1983 – Fluminense de Feira 1×1 Bahia
31/07/1983 – Bahia 3×0 Fluminense de Feira
27/07/1983 – Fluminense de Feira 0x1 Bahia
14/05/1983 – Bahia 0x1 Fluminense de Feira
07/11/1982 – Bahia 3×0 Fluminense de Feira
27/10/1982 – Bahia 0x0 Fluminense de Feira
20/10/1982 – Fluminense de Feira 0x0 Bahia
01/09/1982 – Fluminense de Feira 1×1 Bahia
15/08/1982 – Bahia 0x0 Fluminense de Feira
15/07/1982 – Bahia 3×1 Fluminense de Feira
07/10/1981 – Bahia 3×1 Fluminense de Feira
13/09/1981 – Bahia 4×0 Fluminense de Feira
28/06/1981 – Fluminense de Feira 1×0 Bahia
17/05/1981 – Bahia 1×0 Fluminense de Feira
28/09/1980 – Fluminense de Feira 0x1 Bahia
07/08/1980 – Bahia 0x1 Fluminense de Feira
29/06/1980 – Bahia 3×2 Fluminense de Feira
25/07/1979 – Bahia 0x1 Fluminense de Feira
22/04/1979 – Fluminense de Feira 1×1 Bahia
10/03/1979 – Bahia 2×0 Fluminense de Feira – Amistoso
07/03/1979 – Fluminense de Feira 0x1 Bahia – Amistoso
11/02/1979 – Fluminense de Feira 0x0 Bahia – Amistoso
02/11/1978 – Fluminense de Feira 0x0 Bahia
12/10/1978 – Bahia 2×0 Fluminense de Feira – Amistoso
04/10/1978 – Bahia 3×0 Fluminense de Feira
20/09/1978 – Bahia 1×1 Fluminense de Feira
06/08/1978 – Fluminense de Feira 2×1 Bahia – Amistoso
27/06/1978 – Fluminense de Feira 2×2 Bahia – Amistoso
06/11/1977 – Fluminense de Feira 0x1 Bahia – C.Brasileiro
30/09/1977 – Fluminense de Feira 0x2 Bahia – Amistoso
15/07/1977 – Fluminense de Feira 1×1 Bahia – Amistoso
22/06/1977 – Bahia 1×0 Fluminense de Feira
18/05/1977 – Bahia 3×0 Fluminense de Feira
13/02/1977 – Fluminense de Feira 0x1 Bahia
01/09/1976 – Fluminense de Feira 0x2 Bahia – C.Brasileiro
20/06/1976 – Bahia 2×0 Fluminense de Feira
06/06/1976 – Fluminense de Feira 1×2 Bahia
25/02/1976 – Bahia 4×2 Fluminense de Feira
19/10/1975 – Fluminense de Feira 0x0 Bahia – Amistoso
11/08/1975 – Fluminense de Feira 1×1 Bahia – Amistoso
23/07/1975 – Bahia 3×0 Fluminense de Feira
30/03/1975 – Fluminense de Feira 1×2 Bahia
20/02/1975 – Fluminense de Feira 0x0 Bahia – Amistoso
08/12/1974 – Bahia 2×1 Fluminense de Feira
28/11/1974 – Bahia 2×2 Fluminense de Feira
27/10/1974 – Fluminense de Feira 1×1 Bahia
21/09/1974 – Bahia 0x0 Fluminense de Feira
11/09/1974 – Bahia 0x1 Fluminense de Feira
15/08/1974 – Bahia 0x0 Fluminense de Feira – Amistoso

16/04/1974 – Fluminense de Feira 0x3 Bahia – Amistoso
21/11/1973 – Fluminense de Feira 2×2 Bahia
25/07/1973 – Bahia 1×0 Fluminense de Feira
17/06/1973 – Fluminense de Feira 0x2 Bahia
08/07/1972 – Bahia 0x0 Fluminense de Feira
02/04/1972 – Fluminense de Feira 0x2 Bahia
25/07/1971 – Bahia 0x0 Fluminense de Feira
02/05/1971 – Fluminense de Feira 1×1 Bahia
14/03/1971 – Bahia 1×0 Fluminense de Feira – Amistoso
28/02/1971 – Fluminense de Feira 2×2 Bahia – Amistoso
26/07/1970 – Fluminense de Feira 2×3 Bahia
15/03/1970 – Bahia 3×0 Fluminense de Feira
01/06/1969 – Bahia 1×1 Fluminense de Feira
06/04/1969 – Bahia 0x1 Fluminense de Feira
04/08/1968 – Bahia 0x0 Fluminense de Feira
07/07/1968 – Bahia 1×2 Fluminense de Feira
23/06/1968 – Bahia 1×2 Fluminense de Feira
12/05/1968 – Bahia 3×2 Fluminense de Feira
28/01/1968 – Bahia 1×0 Fluminense de Feira
08/10/1967 – Bahia 1×1 Fluminense de Feira – Amistoso
04/10/1967 – Bahia 0x0 Fluminense de Feira – Amistoso
24/08/1967 – Bahia 0x1 Fluminense de Feira – Amistoso
13/06/1967 – Bahia 0x0 Fluminense de Feira
11/05/1967 – Bahia 0x0 Fluminense de Feira – Amistoso
16/04/1967 – Bahia 1×0 Fluminense de Feira – Amistoso
10/03/1967 – Bahia 0x1 Fluminense de Feira
31/07/1966 – Bahia 3×1 Fluminense de Feira – Amistoso
24/07/1966 – Bahia 1×0 Fluminense de Feira – Amistoso
17/07/1966 – Bahia 1×3 Fluminense de Feira – Amistoso
03/07/1966 – Bahia 0x1 Fluminense de Feira – Amistoso
12/06/1966 – Bahia 0x0 Fluminense de Feira – Amistoso
19/01/1966 – Bahia 0x1 Fluminense de Feira
21/11/1965 – Bahia 3×0 Fluminense de Feira – Amistoso
10/10/1965 – Bahia 0x0 Fluminense de Feira – Amistoso
15/08/1965 – Bahia 3×1 Fluminense de Feira
24/02/1965 – Bahia 5×0 Fluminense de Feira – Amistoso
24/01/1965 – Bahia 0x0 Fluminense de Feira – Amistoso
09/08/1964 – Bahia 1×1 Fluminense de Feira – Amistoso
08/03/1964 – Bahia 1×2 Fluminense de Feira
01/03/1964 – Bahia 1×1 Fluminense de Feira
23/02/1964 – Bahia 0x0 Fluminense de Feira
05/02/1964 – Bahia 1×0 Fluminense de Feira
30/12/1962 – Bahia 1×2 Fluminense de Feira
01/09/1962 – Bahia 6×0 Fluminense de Feira
06/05/1962 – Bahia 4×0 Fluminense de Feira
08/04/1962 – Bahia 0x0 Fluminense de Feira – Amistoso
11/02/1962 – Bahia 1×1 Fluminense de Feira – Amistoso
28/01/1962 – Bahia 1×1 Fluminense de Feira – Amistoso
01/11/1961 – Bahia 2×2 Fluminense de Feira

02/07/1961 – Bahia 0x2 Fluminense de Feira – Amistoso
25/06/1961 – Bahia 1×0 Fluminense de Feira – Amistoso
11/06/1961 – Bahia 1×2 Fluminense de Feira – Amistoso
28/05/1961 – Bahia 2×2 Fluminense de Feira – Amistoso
30/03/1961 – Bahia 2×1 Fluminense de Feira – Amistoso
19/03/1961 – Bahia 3×3 Fluminense de Feira – Amistoso
23/10/1960 – Bahia w.o Fluminense de Feira
24/07/1960 – Bahia 2×1 Fluminense de Feira – Amistoso
22/05/1960 – Bahia 2×1 Fluminense de Feira
01/02/1960 – Bahia 0x0 Fluminense de Feira
19/07/1959 – Bahia 3×1 Fluminense de Feira
21/06/1959 – Bahia 0x0 Fluminense de Feira – Torneio Início
01/05/1959 – Bahia 2×1 Fluminense de Feira – Amistoso
08/03/1959 – Bahia 2×0 Fluminense de Feira
11/01/1959 – Bahia 0x1 Fluminense de Feira – Amistoso
07/12/1958 – Bahia 1×0 Fluminense de Feira
26/10/1958 – Bahia 1×0 Fluminense de Feira
17/08/1958 – Bahia 3×2 Fluminense de Feira
28/05/1958 – Bahia 1×0 Fluminense de Feira
12/02/1958 – Bahia 2×2 Fluminense de Feira
02/02/1958 – Bahia 2×3 Fluminense de Feira – Amistoso
23/10/1957 – Bahia 4×2 Fluminense de Feira
11/08/1957 – Bahia 0x2 Fluminense de Feira – Amistoso
23/06/1957 – Bahia 1×2 Fluminense de Feira
17/02/1957 – Bahia 3×1 Fluminense de Feira – Amistoso
11/11/1956 – Bahia 2×0 Fluminense de Feira
04/11/1956 – Bahia 2×2 Fluminense de Feira
28/10/1956 – Bahia 1×0 Fluminense de Feira
29/07/1956 – Bahia 1×2 Fluminense de Feira
22/04/1956 – Bahia 0x1 Fluminense de Feira
20/11/1955 – Bahia 1×0 Fluminense de Feira
21/08/1955 – Bahia 1×2 Fluminense de Feira – Amistoso
03/07/1955 – Bahia 4×3 Fluminense de Feira
12/06/1955 – Bahia 1×0 Fluminense de Feira – Torneio Início
26/02/1955 – Bahia 2×1 Fluminense de Feira
16/10/1954 – Bahia 3×1 Fluminense de Feira
02/07/1954 – Bahia 5×2 Fluminense de Feira
02/05/1954 – Bahia 2×0 Fluminense de Feira – Amistoso
17/05/1953 – Bahia 2×0 Fluminense de Feira – Amistoso

Primeiros Times

NOME: **Internacional de Cricket**

FUNDAÇÃO: **15/11/1899** TEL:

SEDE: **Salvador - Bahia**

SITE:

SITUAÇÃO: **EXTINTO**

MAISCOTE

O Internacional de Cricket foi fundado por ingleses no dia 15 de novembro de 1899 para a prática do cricket já futebol foi o primeiro campeão baiano de futebol da história em 1905 o clube porém entraria em um processo de declínio e se extinguiria antes mesmo da profissionalização do esporte.

Um Pouco da história

Internacional de Cricket formado pela **colônia britânia Hayne, Stewart, Gleigh, Scharp, North,** era assim com sobrenomes ingleses que se escalava o primeiro campeão baiano em 1905 o Internacional de Cricket curiosas para ver os homens correndo e experimentando a esfericidade daquele objeto ainda estranho a Bola as pessoas se aglomeravam ao redor do nosso primeiro campo campo chamada de quadrilátero o ultimo jogo foi Inter 1 x 0 Victória no dia 10 de setembro as partidas foram todas no campo da pólvora onde hoje ficarm o Fórum Ruy Barbosa e a estação do metrô o Internacional de Cricket venceu os Times Victória, Bahiano e São Salvador.

NOME: **Clube de Natação e Regatas São Salvador**

FUNDAÇÃO: **1/09/1902** | TEL:

SEDE: **Ribeira - Salvador - Bahia**

SITE:

SITUAÇÃO: LICENCIADO / SÓ REMO

MAISCOTE

Foi seu idealizador e fundador Torquato Corrêa, ao regressar do Rio de Janeiro, onde remava pelo ***Clube de Regatas Flamengo***. Notando a falta de clubes náuticos nesta capital, onde existia apenas o ***Esporte Clube Vitória*** com uma pequena flotilha, resolveu consultar alguns amigos e *no dia 1º de Setembro de 1902*, na sua residência na Piedade fundou o **Clube de Natação e Regatas São Salvador**.

Endereço Atual Avenida Men de Sá, 16 – Ribeira Salvador, BA – CEP: 40420-240
Telefone: (71) 3314-2507

Animado com a grande adesão de associados, voltou ao Rio de Janeiro e de lá trouxe duas canoas e aos domingos e feriados no Porto dos Tainheiros se exercitavam os amadores e amantes do novo esporte, despertando grande interesse público.

Em janeiro de 1905, devido a um mal entendido, 20 associados do **Esporte Clube Vitória** deixam o clube, e se transferem para o **São Salvador**, sendo criada a seção de futebol sob a direção de Carlos Costa Pinto. Conquistando logo a preferência do público, tornou-se a sociedade esportiva mais querida da época.

Nesta mesma ocasião, por proposta de Arthur Moraes, são mudadas suas cores de amarelo e preto para o branco e verde, que adota até hoje. Em 1905 tomou parte no **1º Campeonato Baiano de Futebol** no Campo da Pólvora sagrando-se vice-campeão. No ano seguinte levanta o título, e no outro o bi-campeonato.

No remo era o "Bicho Papão" levantando quase todas as regatas. Com o correr dos tempos, deixou o futebol devido a extinção da **Liga Bahiana** e a decadência no remo, sofreu o **alviverde** algumas crises, perdendo a liderança para o **E. C. Vitória**. Agora o **C.N.R. São Salvador** se reorganiza, voltando a ocupar o seu lugar de destaque nos meios náuticos para alegria da sua grande torcida.

CAMPO DA PÓLVORA

Surgiu em 21 de Outubro de 1901 quando José Ferreira Junior, o Zuza Ferreira, improvisou um campo de futebol no **Campo da Pólvora**, que até então era denominado de **Campo dos Mártires**. Zuza marcou o espaço do gol com duas pedras grandes, dez metros entre uma e outra, sendo também disputado o primeiro jogo.

Em 30 de outubro de 1903 foi disputada a primeira partida internacional, por marinheiros americanos que se encontravam em Salvador e um combinado anglo-brasileiro. Em 9 de abril de 1905, o Campo se tornou oficial com os jogos realizados da **Liga Baiana de Esportes Terrestres** (atual Campeonato Baiano).

A estreia foi com um jogo realizado entre **Internacional** e **Vitória**, com uma vitória de 3 a 1 do Internacional. O **Campo da Pólvora** não tinha arquibancada. O público se posicionava pelos quatro cantos do campo que era "cercado" por cadeiras onde se sentavam as senhoras, além disso o público tinham que se vestir a rigor, pois o futebol naquela época era feito para a elite. Atualmente, o **Campo da Pólvora** foi demolido para dar lugar a uma estação do futuro metrô da capital baiana, a Estação Campo da Pólvora.

Bi-Campeão Baiano :1906 – 1907

NOME: **Sport Club Santa Cruz (Salvador)**

FUNDAÇÃO: **1/02/1904** | TEL:

SEDE: **Salvador - Bahia**

SITE:

SITUAÇÃO: LICENCIADO / SÓ REMO

MAISCOTE

O Sport Club Santa Cruz foi uma agremiação da cidade de Salvador (BA). O alviceleste soteropolitano foi Fundado no dia 1º de Fevereiro de 1904, por alguns moços afeiçoados à pratica de esportes ainda incipiente em nosso meio,. Eles fundaram uma sociedade para oferecer aos seus associados, material e oportunidade de praticar a cultura física.

Logo depois estendeu suas atividades ao esporte náutico, se filiando à F.C.R.B. já existente, embora fosse ele mais velho quatro meses e 25 dias. Participou pela primeira vez da 3ª regata oficial da Bahia em 24 de maio de 1906, logrando na 3ª prova em Canoa a quatro remos um honrado 2º lugar. Alcançou a sua primeira vitória com a Baleeira Gaúcha a quatro remos na 9ª Prova da 4ª Regata realizada em 1 de Novembro em 1906.

A partir daí se cobriu de glórias, levantando bem alta a flâmula à cuja sombra seguiu dentro dos princípios da disciplina, buscando o aprimoramento moral e psicológico dos seus atletas com o trabalho eugênico e salubre.

Aprovadas em estatuto as cores do clube inicialmente eram azul e amarelo, sendo substituída mais tarde, a última por branco. Dizem os velhos lobos das justas na Enseada dos Tainheiros que a ideia da fundação originou-se de uma palestra no “Bar Bela Jardineira“, no Comércio, onde foi a despensa Vantajosa, na Rua Portugal.

Já no ano seguinte de sua criação foi fundado no dia 1 de junho de 1905, o Departamento Náutico, tendo em seguida sido aberta uma subscrição entre sócios e comerciantes para a compra de barcos, o que resultou em pleno êxito.

Em 1931, pela 1ª vez que a "Taça Maria Luiza" foi corrida o Sport Club Santa Cruz foi laureado, vencendo a taça transitória por 14 vezes, sendo em seqüência, de 1935 a 1942, a última na 4ª regata de 1999. O “Benjamim” como era chamado por ser o mais moço dos quatro coirmãos, na época, foi Campeão Baiano numa seqüência admirável de oito anos seguidos.

O futebol só veio em 1920, quando passou a participar do Campeonato Baiano de Futebol. Logo no primeiro ano, o Sport Club Santa Cruz fez ótima campanha terminando na quarta colocação, num total de 12 clubes.

Em 1921, o rendimento não foi o mesmo, fechando em sétimo lugar, num total de 12 equipes. Em 1922, com a participação de apenas sete agremiações, a campanha foi ruim, terminando na penúltima colocação.

NOME: Esporte Clube Vitória

FUNDAÇÃO: 13/05/1899 **TEL:** (71) 3036-7300

SEDE: R. Artêmio C. Valente, 01, Est. Manoel Barradas
Bairro N. Sra. da Vitória, Salvador-BA

SITE: www.ecvitoria.com.br

SITUAÇÃO: ATIVO

Leão
MAISCOTE

Fundado em 13 de maio de 1899, é, atualmente, o terceiro clube brasileiro em atividade a praticar o futebol. O Vitória nasceu da iniciativa pioneira dos irmãos Artur e Artêmio Valente juntamente com outros dezessete jovens companheiros. Vindos de uma tradicional família baiana, adquiriram o gosto pelo cricket na Inglaterra, onde estudavam. Ao retornar ao Brasil, trouxeram na bagagem a paixão pelo esporte.

Na época, o cricket dominava a preferência dos baianos, mas o esporte era restrito aos imigrantes ingleses, restando aos brasileiros o podre "privilégio" de repor as bolas em campo, quase o mesmo dever que os gandulas de hoje exercem. O que gerava uma marginalização dos brasileiros neste esporte.

Titulos

Compeão Brasileiro Scric B: 2023
Copa do Nordeste 4 : 1997 - 1999 - 2003 - 2010 Taça Estado da Bahia 3 : 2004 - 2005 - 2006
Torneio Início da Bahia 11 : 1926 - 1941 - 1942 1943 - 1944 - 1949 - 1953 - 1955 - 1958 - 1961 - 1980
Campeonato Baiano 29 : 1908 - 1909 - 1953 - 1955 - 1957 - 1964 - 1965 - 1972 - 1980 - 1985 - 1989 - 1990
1992 - 1995 - 1996 - 1997 - 1999 - 2000 - 2002 - 2003 - 2004 - 2005 - 2007 - 2008 - 2009 - 2010 - 2013 - 2016 – 2017-2024

Cansados dessa discriminação, dezenove jovens tiveram a ideia de criar uma agremiação que os livrariam desse fardo e não mais os privariam de praticar o esporte. Então, no dia 13 de maio, uma reunião foi marcada para a casa dos irmãos Valente quando eles reuniram um grupo de amigos formado pelos mais representativos jovens da sociedade baiana, no casarão da família, com a participação de Adolfo Irineu dos Santos, Alberto Teixeira, Antonio Giz Almeida, Antonio Peixoto Guimarães, Augusto Francisco Lacerda, Carlos Carvalho, Carlos Oliveira Teixeira, Fernando Kock, Hebert Filgueiras, Joaquim Espinheiro Costa Pinto, Joaquim Rodrigues Chaves, Jorge Wilcox, Juvenal Teixeira, Leobino Cavalcante, Octavio Castro Rabelo, Pedro Gonçalves Almeida e Quintino Fontes Ferreira, todos moradores do Corredor da Vitória, um bairro de classe média e alta de Salvador e onde, hoje, está localizado o Edifício Casablanca.

A reunião começou com muitas dúvidas sobre qual nome teria o clube que rivalizaria com os ingleses. Com esse objetivo em mente, muitas sugestões patrióticas foram dadas, como Club de Cricket Baiano ou Club de Cricket Brasileiro. Porém, a ideia de homenagear o lugar onde todos moravam, com Victória (com **c** pela forte influência da língua inglesa na época e por se tratar de uma equipe de cricket, esporte inglês muito disputado pela colônia britânica que residia em Salvador), de Artêmio foi escolhida O fato curioso é que a data originalmente prevista para a fundação do Vitória seria no dia 7 de maio, mas devido às chuvas que caíram naquele dia na capital baiana, a data foi transferida para a semana seguinte, em 13 de maio. Artêmio Valente se tornou o primeiro presidente, eleito por aclamação e Fernando Kock veio assumir a presidência 18 dias depois.

Tão grande era o desejo nacionalista de se impor aos imigrantes da Inglaterra que as cores inicialmente escolhidas foram o verde e o amarelo. Porém, o preto e branco foi logo incorporado pela falta de material esportivo com as cores da bandeira do Brasil e também por que a maioria dos clubes possuía uniformes com estas cores, O rubro-negro tradicional apenas foi adotado um tempo depois.

No cricket, o Victória vinha fazendo sucesso, mas com a volta de José Ferreira Júnior, o Zuza Ferreira, que passou alguns anos estudando em terras inglesas, à Bahia em outubro de 1901, o cenário local mudou. Zuza trouxe com ele um esporte diferente, que logo viraria febre entre os jovens baianos e brasileiros, o futebol. Reúne alguns amigos que jogavam cricket e promove o primeiro "baba" registrado em Salvador, no Campo da Pólvora. Anos depois Zuza chegou a jogar pelo Victória em partidas amistosas.

Em 1902, já praticando outros esportes como futebol, remo, natação, atletismo e o próprio cricket, que levava no nome, o Club de Cricket Victoria se transformou em Sport Club Victoria, pois o cricket já não era o único esporte praticado, Na mesma época da mudança, o clube recebeu a alcunha de "Leão da Barra", apelido que ostenta até hoje. Também nesse ano, o Vitória mudou suas cores originais, que eram preto e branco, para o vermelho e preto por sugestão do Sr. Cesar Godinho Spínola, vindo do Rio de Janeiro e ex-remador do Flamengo, que ainda hoje está em uso.

> Naquele primeiro ano de prática do remo, o Vitória, que dispunha dos barcos Tupy e Tabajara, conseguiu um feito inesquecível. Seus remadores saíram do Porto da Barra e foram até o Porto dos Tainheiros, em Itapagipe. O fato, que teve grande repercussão na época, originou o apelido de Leões da Barra para os atletas, e mais tarde para os próprios torcedores rubro-negros.

Começando no futebol

No futebol, o Victoria disputou sua primeira partida no dia 22 de maio de 1901 no Campo da Pólvora, contra o Sport Club_Internacional, um time formado às pressas por integrantes das tripulações dos navios ingleses atracados no porto. A partida teve como resultado uma vitória por 3 a 2 para o rubro-negro.

Partida entre Victoria e Santos Dumont pelo Baiano de 1907

O hino antigo do Vitória foi criado por Albino Castro e Vivaldo Jesuino de Souza e foi nomeado de "Mostra o teu valor". O clube também possui um segundo hino, este composto por Walter Queiroz, sendo o hino oficial do clube, conhecido como "Leão da Barra". O hino antigo foi substituído pelo atual em 1985, na gestão do então presidente, Raimundo Rocha Pires, quando o Vitória foi campeão baiano (nesse mesmo ano). Especula-se que esse hino foi lançado com o objetivo de conseguir recursos para a construção do parque poliesportivo do Vitória, já que, com o novo hino, foi gravado um vinil compacto para ser vendido. O Vitória lançou vários discos com os seus hinos (tanto o antigo, quanto o atual, em épocas diferentes) e outras músicas feitas em homenagem ao time. O primeiro foi gravado na década de 70, o segundo em 1983 e em 1985, com o título de "Esse hino vai levantar o estádio" foi lançado o vinil com o hino oficial, e em 2000, foi lançado um CD em comemoração aos 100 anos do clube só com artistas que torcem pelo clube, como Ivete Sangalo (que no CD interpreta o hino oficial), Daniela Mercury, Gilmelândia e Tatau. O hino oficial já foi também homenageado pelo ator Chico Anysio, em um vídeo gravado. É frequentemente confundido com o hino antigo do clube (considerado não-oficial), apesar deste, atualmente, já ser considerado também um segundo hino alternativo.

O Primeiro Hino (Não-Oficial)

- **Letra:** Albino Castro e Vivaldo Souza

“ Vitória, Vitória

Mostra o teu valor
No campo da luta
Tu é os melhor
No teu pavilhão
Tens feitos de Glória
Vitória, Vitória
Tu tens grande história
Somos torcedores de grande valor
somos rubro-negro
não temos temor
estamos contigo em qualquer lugar
Pois temos conquistas
na terra e no mar

Procura mostrar
Todo teu poder
Somos invencíveis
Não vamos temer
O teu pavilhão
Nós vamos erguer
Seremos Vitória até morrer

O Segundo Hino (Oficial)

- **Letra:** Walter Queiroz
- **Ano:** 1985

Eu sou Leão da Barra, tradição
Eu sou vermelho e preto.
Eu sou paixão
Pelos campos do Brasil
Nosso grito já se ouviu...
ô..ô..ô...Ô..ô..ô..
Ô Vitória!
Eu sou um nome na História
Eu sou Vitória com emoção.
Eu sou um grito de glória
Eu sou Vitória de coração.
ô..ô..ô...Ô..ô..ô..
Ô Vitória!

Cores

Suas cores são o vermelho e preto, motivo este que é chamado de Rubro-Negro. Inicialmente, as cores do Vitória seriam verde e amarelo, mas devido a dificuldade de encontrar materiais nessa cor, optou-se por adotar o branco e preto que foi usada na estreia do clube no futebol diante do International Sport Club. Posteriormente, passou a adotar o vermelho e preto, as cores atuais.

Escudo

O escudo atual do clube é de fácil identificação contendo as iniciais do clube e seu ano de fundação. Assemelha-se muito com o do Fluminense. O símbolo náutico, o antigo escudo do clube, foi criado em 1903 e fazia alusão aos esportes que o Vitória praticava até então. O destaque era o remo, o mais popular em Salvador e que organizava competições que literalmente paravam a cidade. As primeiras gerações de rubro-negros aprenderam a amar este símbolo que até hoje emociona a torcida.

O segundo escudo do clube foi nos moldes do atual, porém com diferenças, como o formato um pouco menos trabalhado e as iniciais "SCV", de Sport Club Victória. Esse escudo foi trocado em 1946 pelo atual, que ainda chegou a sofrer pequenas modificações, como o retiramento da linha branca no centro do escudo e a adição do ano de fundação sob o brasão do clube.

Artêmio Valente, fundador e idealizador do clube, sendo também o primeiro presidente do Esporte Clube Vitória.

Artêmio Valente se tornou o primeiro presidente, eleito por aclamação e Fernando Kock veio assumir a presidência 18 dias depois.

Tão grande era o desejo nacionalista de se impor aos imigrantes da Inglaterra que as cores inicialmente escolhidas foram o verde e o amarelo. Porém, o preto e branco foi logo incorporado pela falta de material esportivo com as cores da bandeira do Brasil e também por que a maioria dos clubes possuía uniformes com estas cores.O rubro-negro tradicional apenas foi adotado um tempo depois.

No cricket, o Victória vinha fazendo sucesso, mas com a volta de José Ferreira Júnior, o Zuza Ferreira, que passou alguns anos estudando em terras inglesas, à Bahia em outubro de 1901, o cenário local mudou. Zuza trouxe com ele um esporte diferente, que logo viraria febre entre os jovens baianos e brasileiros, o futebol. Reúne alguns amigos que jogavam cricket e promove o primeiro "baba" registrado em Salvador, no Campo da Pólvora. Anos depois Zuza chegou a jogar pelo Victória em partidas amistosas.

Vitória Campeão Brasileiros de 2023 Série B

Col.	Equipe	PTS	J	V	E	D	GP	GC	SG
1	Vitória/BA	72	38	22	6	10	50	31	19
2	Juventude/RS	65	38	18	11	9	42	31	11
3	Criciúma/SC	64	38	19	7	12	45	33	12
4	Atlético/GO	64	38	17	13	8	56	45	11
5	Novorizontino/SP	63	38	19	6	13	48	30	18
6	Mirassol/SP	63	38	18	9	11	42	31	11
7	Sport/PE	63	38	17	12	9	59	40	19
8	Vila Nova/GO	61	38	17	10	11	49	30	19
9	CRB/AL	57	38	16	9	13	45	39	6
10	Guarani/SP	57	38	15	12	11	42	33	9
11	Ceará/CE	50	38	13	11	14	40	45	-5
12	Botafogo/SP	47	38	12	11	15	25	42	-17
13	Avaí/SC	44	38	10	14	14	31	48	-17
14	Ituano/SP	42	38	9	15	14	33	38	-5
15	Ponte Preta/SP	42	38	9	15	14	24	35	-11
16	Chapecoense/SC	40	38	9	13	16	38	43	-5
17	Sampaio Corrêa/MA	39	38	8	15	15	31	43	-12
18	Tombense/MG	37	38	9	10	19	37	50	-13
19	Londrina/PR	31	38	7	10	21	31	58	-27
20	ABC/RN	28	38	5	13	20	28	51	-23

NOME: **Sport Club Bahiano**

FUNDAÇÃO: **07/09/1903** TEL:

SEDE: **Salvador - Bahia**

SITE:

SITUAÇÃO: Extinto

MAISCOTE

Foi um clube da cidade de Salvador disputou somente três campeonato estadual 1905, 1906, 1907 ficando em lanterna as 3 edições clube sem sucesso em 1908 foi Extinto.

Jogo do campeonato de 1906 entre Santos Dumont X Bahiano no Campo da Polvara

Zuza Ferreira

Em 28 de outubro de 1901 o jovem José Ferreira Junior improvisou um campo de futebol no Campo da Pólvora então denominado de Campo dos Mártires marcou o espaço do gol com duas pedras grandes, dez metros entre uma e outra, mostrou aos amigos a bola de couro que trouxera da Inglaterra e explicou que a brincadeira se chamava football. Contou que fazia sucesso em toda Europa e disse que o jogo consistia em passar a bola no espaço demarcado onde um jogador chamado "Goal keeper" deveria fazer de tudo para impedir.

Zuza Ferreira era morador do Rio Vermelho, de família classe média alta, passara alguns anos em Londres e foi ali que assistiu alguns jogos de futebol. Gostou do que viu. E trouxe a bola, também uma agulha de costurar e uma bomba de encher, conforme relatou Bayma Ferreira, bisneto de Zuza, ao jornalista Paulo Leandro. E no seu entusiasmo em torno da novidade chamou um grupo de amigos para jogar no terreno que lhe pareceu mais adequado e que de fato seria o primeiro campo de futebol da Bahia.

O responsável pela introdução do futebol na Bahia, contudo, não levou a serio a brincadeira. Não se sabe o motivo, mas não há registros de sua presença nas escalações dos jogos que foram realizados naquele tempo. Profissionalmente trabalhava no Bank of London, na filial do Campo Grande. E ao que tudo indica o futebol foi na sua vida apenas a descoberta de uma novidade e o desejo de popularizá-la entre nós.

Títulos Consecutivo

Campeões Invictos

Ypiranga - 7 Vezes 1917-1918-1921-1925-1928-1929-1932

Bahia - 4 Vezes 1931-1933-1940-1975

Vitória - 3 Vezes 1908-2005-2017

Títulos Consecutivos

Hepta – Campeão

Bahia: 1 vez (1973-74-75-76-77-78-79)

Penta – Campeão

Bahia: 1 vez (1958-59-60-61-62)

Tetra – Campeão

Bahia: 2 vezes (1947-48-49-50, 1981-82-83-84)
Vitória: 2 vezes (2002-03-04-05, 2007-08-09-10)

Tri – Campeão

Bahia: 2 vez (1986-87-88), (2018-2019-2020)
Galícia: 1 vez (1941-42-43)
Vitória: 1 vez (1995-96-97)

Bi – Campeão

Bahia: 6 vezes (1933-34, 1944-45, 1970-71, 1993-94, 1998-99, 2014-15)
Vitória: 5 vezes (1908-09, 1964-65, 1989-90, 1999-00, 2016-17)
Ypiranga: 3 vezes (1917-18, 1920-21, 1928-29)
Botafogo: 1 vez (1922-23)
São Salvador: 1 vez (1906-07)
Atlético de Alagoinhas : 1 vez (2021-2022)

Maiores Goleadas

01/07/1906 – VITORIA 7 X 0 SC BAHIANO

08/07/1907 – SÃO SALVADOR 8 X 0 SC BAHIANO
09/07/1911 – SANTOS DUMONT 8 X 2 SÃO SALVADOR

10/09/1911 – SC BAHIA 7 X 0 SANTOS DUMONT
26/08/1918 – BOTAFOGO 9 X 1 INTERNACIONAL
02/07/1920 – FLUMINENSE 7 X 1 SUL AMÉRICA

07/11/1920 – YPIRANGA 10 X 1 NACIONAL
21/11/1920 – FLUMINENSE 9 X 0 ITAPAGIPE
02/05/1921 – AA BAHIA 8 X 1 SÃO BENTO

14/08/1921 – AA BAHIA 7 X 1 YANKEE FC
28/08/1921 – AA BAHIA 7 X 0 INTERNACIONAL
07/09/1921 – AA BAHIA 7 X 0 SUL AMÉRICA
09/07/1922 – CLUBE BAHIANO DE TENIS 8 X 0 S C SANTA CRUZ

08/10/1922 – CLUBE BAHIANO DE TENIS 7 X 1 YPIRANGA
08/12/1922 – BOTAFOGO 7 X 0 YPIRANGA
06/04/1924 – BOTAFOGO 7 X 1 AUTO BAHIA FC

04/05/1924 – AA BAHIA 7 X 1 DEMOCRATA FC
25/05/1924 – BOTAFOGO 8 X 0 FLUMINENSE FC
01/02/1925 – AA BAHIA 7 X 0 FLUMINENSE FC (CAMPEONATO DE 1924)

05/04/1925 – DEMOCRATA FC 8 X 0 YANKEE FC
13/05/1926 – BOTAFOGO 7 X 1 VITÓRIA
18/07/1926 – VITÓRIA 7 x 1 YANKEE FC

28/11/1926 – CLUBE BAHIANO DE TENIS 9 X 4 FLUMINENSE FC
03/05/1927 – CLUBE BAHIANO DE TENIS 8 X 1 DEMOCRATA FC

26/06/1927 – CLUBE BAHIANO DE TENIS 7 X 1 GUARANY SPORT CLUB
03/07/1927 – FLUMINENSE FC 8 X 1 YANKEE FC
25/09/1927 – FLUMINENSE FC 9 X 1 DEMOCRATA FC
13/11/1927 – YPIRANGA 8 X 2 VITÓRIA
08/12/1927 – BOTAFOGO 12 X 0 DEMOCRATA FC
29/04/1928 – CLUBE BAHIANO DE TENIS 8 X 1 YANKEE FC

17/05/1928 – YPIRANGA 9 X 3 YANKEE FC
23/12/1928 – YPIRANGA 7 X 0 VITÓRIA
10/01/1929 – CLUBE BAHIANO DE TENIS 8 X 1 VITÓRIA (CAMPEONATO DE 1928)
17/01/1929 – CLUBE BAHIANO DE TENIS 8 X 3 BOTAFOGO (CAMPEONATO DE 1928)
05/05/1929 – YPIRANGA 13 X 1 GUARANY SC

13/04/1930 – BOTAFOGO 8 X 0 DEMOCRATA FC

01/05/1930 – YPIRANGA 16 X 0 DEMOCRATA FC

27/07/1930 – YPIRANGA 8 X 1 DEMOCRATA FC
15/08/1930 – FLUMINENSE FC 7 X 0 DEMOCRATA FC
22/11/1931 – FLUMINESE FC 10 X 0 SÃO CRISTOVÃO AC

05/06/1932 – ENERGIA CIRCULAR 8 X 0 GUARANY SC

19/06/1932 – YPIRANGA 11 X 0 GUARANY SC
07/07/1932 – YPIRANGA 7 X 1 FLUMINENSE FC
18/08/1932 – BOTAFOGO 7 X 1 GUARANY SC
04/09/1932 – VITORIA 8 X 1 GUARANY SC
09/10/1932 – DEMOCRATA FC 7 X 0 ANTARCTICA FC
13/10/1932 – FLUMINENSE FC 7 X 1 GUARANY SC
06/04/1933 – BAHIA 9 X 0 GUARANY SC

25/05/1933 – ENERGIA CIRCULAR 11 X 1 GUARANY SC
04/06/1933 – SÃO CRISTOVÃO AC 12 X 0 GUARANY SC
27/07/1933 – BOTAFOGO 7 X 1 GUARANY SC
18/11/1934 – VITÓRIA 7 X 1 FLUMINENSE FC

16/12/1934 – VITÓRIA 11 X 0 BOTAFOGO
02/02/1936 – VITÓRIA 7 X 1 SPORT CLUB BRASIL (CAMPEONATO DE 1935)
28/06/1936 – BAHIA 8 X 3 SPORT CLUB BRASIL

03/09/1936 – VITÓRIA 8 X 1 FLUMINENSE FC
25/10/1936 – BOTAFOGO 11 X 1 FLUMINENSE FC
22/11/1936 – YPIRANGA 7 X 0 FLUMINENSE FC
29/08/1937 – GALICIA 7 X 0 FLUMINENSE FC

01/05/1938 – BAHIA 9 X 4 VITÓRIA

28/05/1938 – BAHIA 7 X 1 ENERGIA CIRCULAR
20/11/1938 – BAHIA 10 X 2 VITÓRIA (SEGUNDO CAMPEONATO DE 1938)

18/08/1940 – BAHIA 7 X 0 BOTAFOGO
26/09/1943 – YPIRANGA 7 X 0 GUARANY
02/01/1944 – GALICIA 10 X 1 GUARANY (CAMPEONATO DE 1943)

02/04/1944 – VITÓRIA 9 X 1 GALICIA (CAMPEONATO DE 1943)
15/06/1944 – BAHIA 7 X 0 GUARANY
16/08/1945 – VITÓRIA 10 X 1 GUARANY

20/04/1947 – VITÓRIA 7 X 1 BOTAFOGO (5 GOLS DE GRINGO)
15/11/1947 – YPIRANGA 7 X 0 GALICIA (4 GOLS DE PEQUENO)
31/05/1950 – BAHIA 7 X 0 YPIRANGA
09/08/1950 – YPIRANGA 7 X 0 GUARANY
15/08/1950 – VITÓRIA 7 X 0 SÃO CRISTOVÃO
25/11/1951 – VITÓRIA 7 X 0 SÃO CRISTOVÃO

16/01/1952 - GALICIA 7 X 1 SÃO CRISTOVÃO (CAMPEONATO DE 1951) (04 GOLS MITUCA)
25/04/1953 – BAHIA 7 X 1 SÃO CRISTOVÃO
07/07/1960 – BAHIA 10 X 1 SÃO CRISTOVÃO

17/05/1964 – BAHIA 8 X 0 GUARANY
13/12/1964 – GALICIA 8 X 0 GUARANY (4 GOLS DE JORGE BASSU)
19/06/1966 – VITÓRIA 10 X 0 ESTRELA DE MARÇO

19/02/1967 – FLUMINENSE DE FEIRA 9 X 0 ESTRELA DE MARÇO
19/05/1968 – BAHIA 7 X 1 BOTAFOGO
25/05/1975 – VITÓRIA 8 X 1 LEÔNICO (4 GOLS DE OSNY)
08/02/1976 – BAHIA 9 X 0 LEÔNICO (5 GOLS DE MICKEY)

13/04/1977 – BAHIA 8 X 0 HUMAITÁ
09/06/1977 – VITÓRIA 8 X 0 HUMAITÁ
24/06/1977 – ITABUNA 7 X 0 HUMAITÁ
25/10/1978 – BAHIA 8 X 0 ABB
01/04/1979 – JEQUIÉ 2 X 8 ATLÉTICO DE ALAGOINHAS

11/06/1981 – BAHIA 9 X 0 REDENÇÃO
05/08/1981 – BAHIA 8 X 1 LEÔNICO
15/10/1981 – BAHIA 7 X 1 REDENÇÃO
13/07/1983 – BAHIA 7 X 0 BAHIA DE FEIRA
04/12/1985 – GALICIA 8 X 0 ESTRELA DE MARÇO (CAMPEONATO DA 2ª DIVISÃO)
06/04/1988 – BAHIA 9 X 0 ATLÉTICO DE ALAGOINHAS (04 GOLS DE OSMAR)

05/08/1992 – LEÔNICO 0 X 9 VITÓRIA
12/02/1995 – CAMAÇARI 7 X 1 ATLÉTICO DE ALAGOINHAS
05/05/1996 – CATUENSE 8 X 0 FLUMINENSE DE FEIRA
02/03/1997 – VITÓRIA 8 X 1 YPIRANGA
27/04/1997 – VITÓRIA 7 X 1 EUNAPÓLIS
01/03/1998 – BAHIA 7 X 0 FLUMINENSE DE FEIRA
22/03/1998 – BAHIA 7 X 1 GALICIA (04 GOLS DE UÉSLEI)
04/04/1999 – VITORIA 7 X 0 CONQUISTA
26/02/2005 – BAHIA 10 X 1 CAMAÇARIENSE (04 GOLS DE VIOLA)

01/02/2007 – ATLÉTICO DE ALAGOINHAS 7 X 0 IPITANGA

20/04/2007 – VITÓRIA 7 X 0 COLO COLO
04/05/2007 – VITÓRIA 7 X 0 ATLÉTICO DE ALAGOINHAS
18/02/2009 – VITÓRIA 7 X 0 CAMAÇARI

Maiores Artilheiros do Baianão Desde 1905

Ano	*Artilheiro*	*Clube*	*N.º gols*
1905	Stewart	Internacinal (Salvador)	6
1906	Juvenal Tarquínio	Vitória (Salvador)	8
1907			
1908			
1909			
1910			
1911			
1912			
1913			
1914			
1915			
1916			
1917			
1918			
1919			
1920			
1921			
1922	Astério	Botafogo (Salvador)	10
1923	Astério	Botafogo (Salvador)	4
1924	Astério	Botafogo(Salvador)	5
1925	Astério	**Botafogo (Salvador)**	5

1926	Vivi	Bahiano de Tênis (Salvador)	6
1927	Lago	Ypiranga (Salvador)	4
1928	Mário Seixas	Bahiano de Tênis (Salvador)	9
1929	Manteiga	Botafogo (Salvador)	4
1930	Manteiga	Botafogo (Salvador)	4
1931	Pelágio	Ypiranga (Salvador)	10
1932			
1933			
1934	Vareta	Galicia (Salvador)	5
1935	Vareta	Galícia (Salvador)	19
1936	Henrique	Botafogo (Salvador)	4
1937			
1938	Pedro Amorim	Bahia (Salvador)	9
1939	Vareta	Bahia (Salvador)	15
1940	Vareta	Bahia (Salvador)	10
	Vevé	Galícia (Salvador)	
1941	Palito	Bahia (Salvador)	8
1942	Palito	Galícia (Salvador)	11
1943	Siri	Vitória (Salvador)	17
1944	Camerino	Bahia (Salvador)	13
1945	Toinho	Botafogo (Salvador)	15
	Siri	Vitória (Salvador)	
1946	Pequeno	Ypiranga (Salvador)	18
1947	Pequeno	Ypiranga (Salvador)	19
1948	Fabrine	Bahia (Salvador)	13
	Airton	Galícia (Salvador)	
1949	Isaltino	Bahia (Salvador)	10
1950	Juvenal	Vitória (Salvador)	14
	Antônio Mário	Ypiranga (Salvador)	
1951	Carlito	Bahia (Salvador)	16

	Juvenal	Vitória (Salvador)	
1952			
1953	Juvenal	Vitória (Salvador)	13
1954	Carlito	Bahia (salvador)	
1955	Zague	Botafogo (Salvador)	14
1956	Zague	Botafogo (Salvador)	11
1957	Teotônio	Botafogo (Salvador)	16
1958			
1959	Matos	Vitória (Salvador)	16
1960			
1961			
1962			
1963			
1964	Jorge Bassu Didico	Galícia (Salvador) Vitória (Salvador)	14
1965	Dedé	Fluminense de Feira (Feira de Santana)	9
1966	Didico	Vitória (Salvador)	14
1967	Carlinhos	Galícia (Salvador)	14
1968	Carlinhos	Galícia (Salvador)	17
1969	Freitas	Fluminense de Feira (Feira de Santana)	17
1970	Tanajura	Jequié (Jequié)	22
1971	Pinheirinho	Fluminense de Feira (Feira de Santana)	10
1972	João Daniel	Bahia (Salvador)	13
1973	Douglas	Bahia (Salvador)	17
1974	Osni	Vitória (Salvador)	17
1975	Osni	Vitória (Salvador)	19
1976	Osni Mickey	Vitória (Salvador) Bahia (Salvador)	19
1977	Sena	Vitória (Salvador)	16
1978	Douglas	Bahia (Salvador)	21
1979	Sena	Vitória (Salvador)	25
1980	Beca	Itabuna (Itabuna)	20
1981	Beijoca	Catuense (Catu)	26
1982	Léo Oliveira	Bahia (Salvador)	19

Ano	Jogador	Clube	Gols
1983	Osni	Bahia (Salvador)	23
1984	Osni	Bahia (Salvador)	15
	Ricky	Vitória (Salvador)	
1985	Ricky	Vitória (Salvador)	22
1986	Cláudio Adão	Bahia (Salvador)	27
1987	Vandick	Catuense (Catu)	18
1988	Osmar	Bahia (Salvador)	19
1989	Vandick	Catuense (Catu)	13
1990	Marquinhos	Bahia (Salvador)	8
1991	Vandick	Bahia (Salvador)	21
1992	Arturzinho	Vitória (Salvador)	24
1993	Marcelo Ramos	Bahia (Salvador)	22
1994	Alex Alves	Vitória (Salvador)	20
1995	Ramon Menezes	Vitória (Salvador)	25
1996	Adoílson	Vitória (Salvador)	14
1997	Agnaldo	Vitória (Salvador)	15
1998	Uéslei	Bahia (Salvador)	17
1999	Petkovic	Vitória (Salvador)	18
2000	Uéslei	Bahia (Salvador)	19
2001	Marcos Chaves	Camaçari (Camaçari)	17
2002	Fafá	Cruzeiro (Cruz das Almas)	20
2003	Nádson	Vitória (Salvador)	7
	Renna	Catuense (Catu)	
2004	Obina	Vitória (Salvador)	6
	Gilmar		
2005	Dill	Bahia (Salvador)	9
2006	Ednei	Colo Colo (Ilhéus)	23
2007	Índio	Vitória (Salvador)	26
2008	Tatu	Vitória da Conquista (Vitória da Conquista)	16
	Souza	Fluminense de Feira (Feira de Santana)	
2009	Neto Baiano	Vitória (Salvador)	18
2010	Sassá	Ipitanga (Senhor do Bonfim)	13
2011	Sassá	Ipitanga (Senhor do Bonfim)	10
	Geovanni	Vitória (Salvador)	

2012	Neto Baiano	Vitória (Salvador)	27
2013	Rômulo	Bahia de Feira (Feira de Santana)	13
2014	Tiago Alagoano	Jacuipense (Riachão do Jacuípe)	12
2015	Kieza	Bahia (Salvador)	8
2016	Nino Guerreiro	Juazeirense (Juazeiro)	6
2017	André Lima	Vitória (Salvador)	7
	Marclei	Bahia de Feira (Feira de Santana)	
2018	Neilton	Vitória	7
2019	João Neto	Atlético-BA (Alagoinhas)	8
2020	**Marcelo Nicácio**	**Fluminense de Feira**	**6**
2021	**Ronan**	**Atlético de Alagoinhas**	**5**
2022	**Miller**	**Atlético de Alagoinhas**	**6**
2023	**Cesinha**	**Itabuna**	**6**
2024	**Osvaldo**	**Vitória**	**5**
2025			

Taças Mais Bonitas

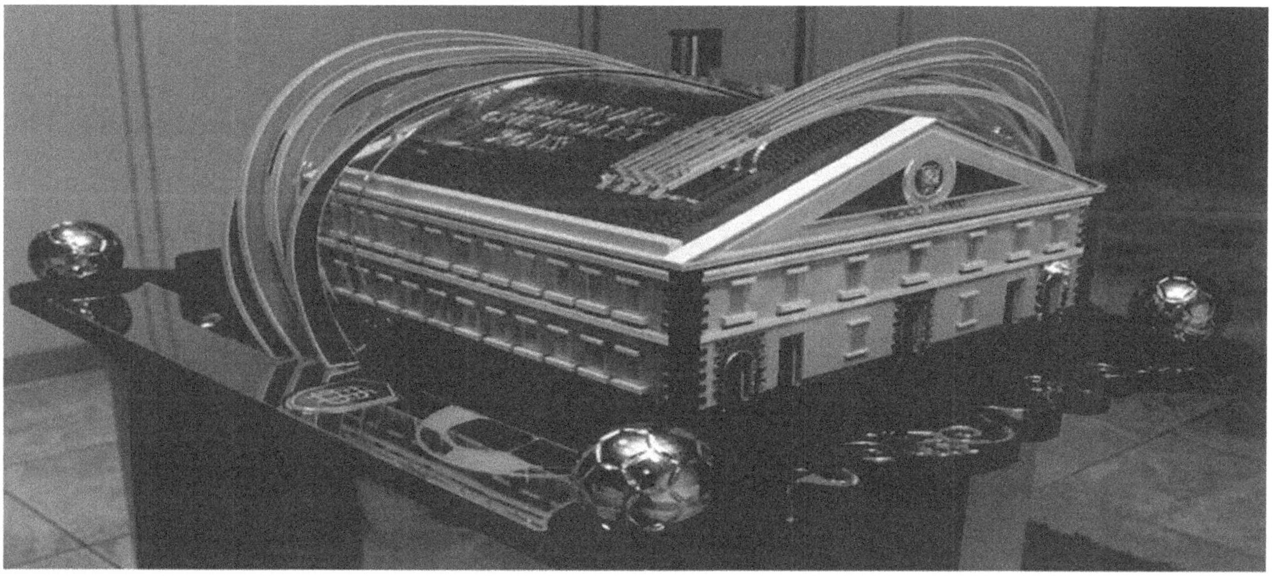

O troféu do Campeonato Baiano de 2013. A taça é uma réplica do Mercado Modelo, um dos principais pontos turísticos de Salvador. O caneco desta edição tem 45 kg, 35 cm de altura, 76 cm de largura, 96 cm de profundidade e é feito em acrílico, com detalhes de metal e prata.

Campeão: Vitória Levou a Taça.

O troféu que será entregue ao campeão baiano de 2012, Com 20 Kg e um metro de altura, a taça chamou atenção mais pelo formato. Pela primeira vez, é uma réplica de um famoso cartão postal de Salvador, o Elevador Lacerda, e leva o nome de um ator do estado, Luis Miranda, famoso pelas peças de teatro humorísticas e participações em programas de televisão, como "A Grande Família", no qual interpreta o Pajé Muricy.

Campeão: Bahia Levou a Taça.

A taça de 82 centímetros de comprimento e aproximadamente 12 quilos, nome do campeonato em alto relevo, com fundo fosco e relevo polido banhado a ouro, ficará de posse definitiva do clube campeão.

Quem Levou

3 - Taças Bahia levou.

2 - Taças Atlético de Alagoinhas levou.

1 – Taça Vitória levou.

Todos Times Baiano Brasileiro Série A

Galicia

Você sabia que além de Bahia e Vitória, outros cinco times baianos já disputaram a primeira divisão do Campeonato Brasileiro? A lista conta com clubes de Salvador, Feira de Santana, Itabuna e Alagoinhas. Da capital baiana, são quatro: Bahia*, Galícia, Leônico e Vitória*. De Feira de Santana, o Fluminense marcou presença. O Itabuna representou a cidade que tem o seu nome, e de Alagoinhas, a Catuense teve seus dias de glória.

Mas o que aconteceu com esses times desde suas últimas participações na elite do futebol brasileiro ? preparou uma linha do tempo para você.

1981: Última participação na Série A (25º lugar).

1983: Jogou a Série B, a partir da terceira fase. Passou pelo Fortaleza e caiu na quarta fase.

1995: Disputou a Série C. Caiu na terceira fase.

2016: voltou a jogar pelo nacional em 2016, na Série D.

Desde então não joga o Campeonato Nacional.

Leônico

1985: participou do Brasileiro pela última vez;
1989: jogou a Série B e caiu na primeira fase;
Desde então não joga o Campeonato Nacional.

Fluminense de Feira

1979: Última vez que o Touro do Sertão jogou a Série A.
1983: Disputou a Série B e caiu na primeira fase.
1986: Voltou a cair na primeira fase da Série B.
1987: Avançou para a segunda fase da Série B e perdeu.
1989: Caiu na primeira fase da Série B.
1990: Jogou a Série C e foi eliminado na primeira fase;
1991: Caiu na primeira fase da Série B.
1992: Melhor campanha do clube na Série C. Chegou na final e perdeu o título para Tuna Luso.
1995: Voltou à Série C e caiu na primeira fase.
1996: Caiu na terceira fase da Série C.
1999: Caiu na primeira fase da Série C.
2002: Voltou a disputar a Série C e perdeu segunda fase.
2009: Jogou a primeira edição da Série D. Caiu na segunda fase,
2010: Caiu na segunda fase da Série D,
2016: Voltou a jogar a Série D e perdeu nas quartas de final.
2017: Jogou a Série D e caiu na terceira fase.
2018: Jogou e caiu na segunda fase.
2019: Jogou e caiu na segunda fase.

Itabuna

1979: última vez que jogou a Série A
1980: Série B, caiu na primeira fase
1981: Série B, caiu na primeira fase
1984: Série B, caiu para o Botafogo-PB na terceira fase
2008: Série C, caiu na segunda fase
2024: Série D, caiu na Segunda fase
.

Catuense

1984: Disputou a Série A apenas em 1984 e caiu na primeira fase.
1985: Série B e caiu na terceira fase.
1986: Série B e caiu na primeira fase.
1987: Jogou o Módulo Branco da Série C e caiu na segunda fase.
1988: Série B e caiu na segunda fase.
1989: Série B e caiu na semifinal.
1990: Série B e caiu na terceira fase.
1991: Caiu na primeira fase da Série B.
1992: Jogou a Série C e caiu na primeira fase.
1994: Caiu na semifinal da Série C.
1995: Série C e perdeu na terceira fase.
1997: Caiu na primeira fase da Série C.
1998: Caiu na primeira fase da Série C.
2001: Caiu na primeira fase da Série C.
2003: Caiu na primeira fase da Série C.
2004: Caiu na primeira fase da Série C.
Desde então não joga o Campeonato Nacional.

Participações dos Clubes no Campeonato Baiano Série A

Isso inclui todos aqueles que já participaram da primeira divisão do Campeonato Baiano e número de participações Há ainda informações sobre as cidades em que clubes estão foram sediados e participações.

OBS: Os Times de Faixa Amarela São Série A do Baianão, Atualizado Até Edição de 2025

Clubes	Cidade	Participações	Anos
Vitória	Salvador	111	1905–1912, 1920–1930, 1933–1936, 1938–2025
Bahia	Salvador	95	1931–2025
Botafogo	Salvador	74	1916–1977, 1979–1983, 1985–1989, 2013–2014
Ypiranga	Salvador	74	1914–1915, 1917–1968, 1970–1977, 1980–1981, 1984–1987, 1991, 1995–1999
Galícia	Salvador	66	1934–1977, 1979–1983, 1986–1987, 1989–1999, 2014–2017
Fluminense de Feira	Feira de Santana	66	1954–2013, 2016–2021
Atlético de Alagoinhas	Alagoinhas	46	1971–1992, 1994–1995, 1999–2013, 2025
Itabuna	Itabuna	37	1967–1993, 2003–2010-2024
Leônico	Salvador	30	1960–1964, 1966–1973, 1975–1990, 1992
Guarany	Salvador	28	1927–1929, 1932–1933, 1942–1953, 1955–1956, 1958–1966
Catuense	Catu	26	1981–1998, 2002–2007, 2014–2015
Fluminense de Salvador	Salvador	23	1913–1921, 1924–1937
São Cristóvão	Salvador	21	1931–1933, 1946–1953, 1959–1967, 1970
Bahia de Feira	Feira de Santana	22	1967–1971, 1983, 1987, 2010–2024
Camaçari	Camaçari	19	1992–1996, 1998–2011
Serrano	Vitória da Conquista	19	1981–1991, 1993–1994, 2003, 2011–2015
Jequié	Jequié	20	1968, 1970–1980, 1993–1997, 2018-2019,2025
Colo Colo	Ilhéus	17	1967–1969, 2000–2011, 2015-2016
Juazeiro	Juazeiro	16	1997–2008, 2011–2014
Poções	Poções	16	1994–2009
Vitória da Conquista	Vitória da Conquista	16	2007–2022
Jacuipense	Riachão	18	1990–1993, 1996, 2013–2024, 2025

Clubes	Cidade	Participações	Anos
Juazeirense	Juazeiro	14	2012–2024, 2025
Redenção	Salvador	11	1970, 1976–1985
AAB	Salvador	11	1919–1929
Bahiano de Tênis	Salvador	10	1920–1929
Feirense	Feira de Santana	9	2008–2016
Yankee	Salvador	8	1920–1921, 1924–1928, 1938
Internacional	Salvador	8	1914–1921
Sul América	Salvador	8	1914–1921
Conquista EC	Vitória da Conquista	7	1967–1973
São Salvador	Salvador	7	1905–1909, 1911–1912
Ipitanga	Lauro de Freitas	6	2005–2010
Conquista FC	Vitória da Conquista	6	1995–2000
Cruzeiro	Cruz das Almas	6	1999–2004
Santos Dumont	Salvador	6	1906–1911
Jacobina	Jacobina	7	1994, 2015-2020
ABB	Salvador	5	1978–1980, 1985–1986
Democrata	Salvador	5	1924–1925, 1927, 1930, 1932
Energia Circular	Salvador	5	1932–1935, 1938
Eunápolis	Eunápolis	4	1995–1998
River Ilheense	Ilhéus	4	1994–1997
Ilhéus	Ilhéus	4	1970–1973
Palmeiras Nordeste	Feira de Santana	4	2002–2005
Camaçariense	Camaçari	3	2004–2006
São Francisco	São Francisco do Conde	3	1996–1998
Humaitá	Vitória da Conquista	3	1976–1977, 1980
Vitória de Ilhéus	Ilhéus	3	1967–1969
São Bento	Salvador	3	1921–1923
Santa Cruz	Salvador	3	1920–1922
Bahiano	Salvador	3	1905–1907
Doce Mel	Ipiaú	4	2020-2023
Atlântico	Lauro de Freitas	2	2017-2018
Flamengo	Guanambi	2	2016–2017

Clubes	Cidade	Participações	Anos
Madre de Deus	Madre de Deus	2	2009–2010
Barreiras	Barreiras	2	2001–2002
Palestra	Salvador	2	1972–1973
Flamengo de Ilhéus	Ilhéus	2	1967–1968
Brasil	Salvador	2	1935–1936
Royal	Salvador	2	1930–1931
Auto Bahia	Salvador	2	1923–1924
Nacional	Salvador	2	1920–1921
República	Salvador	2	1916–1917
Rio Vermelho	Salvador	2	1910–1911
Internacional de Cricket	Salvador	2	1905–1906
Unirb	Alagoinhas	2	2021-2022
Atlanta	Jequié	1	1988
Grapiúna	Itabuna	1	1997
Botafogo de Santo Amaro	Santo Amaro	1	1982
Ideal	Santo Amaro	1	1970
Monte Líbano	Salvador	1	1970
SMTC	Salvador	1	1966
Itapagipe	Salvador	1	1920
SC Guarany	Salvador	1	1915
Brasileiro	Salvador	1	1914
Atlético de Salvador	Salvador	1	1912
SC Bahia	Salvador	1	1911
São Paulo	Salvador	1	1910
Barcelona	Ilhéus	3	2022-2024
Jacobinenese	Jacobina	1	2023
Porto	Porto Seguro	1	2025

Todos Campeões Baianos Desde 1905

Edição	Ano	Campeão	Vice-campeão
1ª	1905	**Internacional de Cricket** (Salvador) (1º)	São Salvador (Salvador)
2ª	1906	**São Salvador** (Salvador) (1º)	Vitória (Salvador)
3ª	1907	**São Salvador** (Salvador) (2º)	Vitória (Salvador)
4ª	1908	Vitória (Salvador) (1º)	Santos Dumont (Salvador)
5ª	1909	Vitória (Salvador) (2º)	Santos Dumont (Salvador)
6ª	1910	**Santos Dumont** (Salvador) (1º)	São Paulo (Salvador)
7ª	1911	**Sport Bahia** (Salvador) (1º)	Vitória (Salvador)
8ª	1912	**Atlético** (Salvador) (1º)	Vitória (Salvador)
9ª	1913	**Fluminense de Salvador** (Salvador) (1º)	Internacional (Salvador)
10ª	1914	**Internacional** (Salvador) (1º)	Fluminense (Salvador)
11ª	1915	**Fluminense de Salvador** (Salvador) (2º)	Ypiranga (Salvador)
12ª	1916	**República** (Salvador) (1º)	Fluminense (Salvador)
13ª	1917	Ypiranga (Salvador) (1º)	Fluminense (Salvador)
14ª	1918	Ypiranga (Salvador) (2º)	Botafogo (Senhor do Bonfim)
15ª	1919	Botafogo (Senhor do Bonfim) (1º)	Fluminense (Salvador)
16ª	1920	Ypiranga (Salvador) (3º)	Fluminense (Salvador)
17ª	1921	Ypiranga (Salvador) (4º)	AAB (Salvador)
18ª	1922	Botafogo (Senhor do Bonfim) (2º)	AAB (Salvador)
19ª	1923	Botafogo (Senhor do Bonfim) (3º)	AAB (Salvador)
20ª	1924	**AAB** (Salvador) (1º)	Bahiano de Tênis (Salvador)
21ª	1925	Ypiranga (Salvador) (5º)	AAB (Salvador)
22ª	1926	Botafogo (Senhor do Bonfim) (4º)	Ypiranga (Salvador)
23ª	1927	**Bahiano de Tênis** (Salvador) (1º)	Ypiranga (Salvador)
24ª	1928	Ypiranga (Salvador) (6º)	**Bahiano de Tênis** (Salvador)
25ª	1929	Ypiranga (Salvador) (7º)	Botafogo (Senhor do Bonfim)
26ª	1930	Botafogo (Senhor do Bonfim) (5º)	Fluminense (Salvador)
27ª	1931	**Bahia** (Salvador) (1º)	Ypiranga (Salvador)
28ª	1932	Ypiranga (Salvador) (8º)	Botafogo (Senhor do Bonfimr)
29ª	1933	**Bahia** (Salvador) (2º)	Ypiranga (Salvador)
30ª	1934	**Bahia** (Salvador) (3º)	Energia Circular (Salvador)
31ª	1935	Botafogo (Senhor do Bonfim) (6º)	Galícia (Salvador)
32ª	1936	**Bahia** (Salvador) (4º)	Galícia (Salvador)
33ª	1937	Galícia (Salvador) (1º)	Ypiranga (Salvador)
34ª	1938	**Bahia** (Salvador) (5º) Botafogo (Senhor do Bonfim) (7º)	Galícia (Salvador) Ypiranga (Salvador)
35ª	1939	Ypiranga (Salvador) (9º)	Galícia (Salvador)
36ª	1940	**Bahia** (Salvador) (6º)	Galícia (Salvador)
37ª	1941	Galícia (Salvador) (2º)	Bahia (Salvador)
38ª	1942	Galícia (Salvador) (3º)	Vitória (Salvador)
39ª	1943	Galícia (Salvador) (4º)	Botafogo (Salvador)

40ª	1944	Bahia (Salvador) (7º)	Galícia (Salvador)
41ª	1945	Bahia (Salvador) (8º)	Galícia (Salvador)
42ª	1946	Guarany (Salvador) (1º)	Ypiranga (Salvador)
43ª	1947	Bahia (Salvador) (9º)	Vitória (Salvador)
44ª	1948	Bahia (Salvador) (10º)	Galícia (Salvador)
45ª	1949	Bahia (Salvador) (11º)	Ypiranga (Salvador)
46ª	1950	Bahia (Salvador) (12º)	Vitória (Salvador)
47ª	1951	Ypiranga (Salvador) (10º)	Vitória (Salvador)
48ª	1952	Bahia (Salvador) (13º)	Ypiranga (Salvador)
49ª	1953	Vitória (Salvador) (3º)	Botafogo (Senhor do Bonfim)
50ª	1954	Bahia (Salvador) (14º)	Botafogo (Senhor do Bonfim)
51ª	1955	Vitória (Salvador) (4º)	Bahia (Salvador)
52ª	1956	Bahia (Salvador) (15º)	Fluminense de Feira (Feira de Santana)
53ª	1957	Vitória (Salvador) (5º)	Bahia (Salvador)
54ª	1958	Bahia (Salvador) (16º)	Vitória (Salvador)
55ª	1959	Bahia (Salvador) (17º)	Vitória (Salvador)
56ª	1960	Bahia (Salvador) (18º)	Ypiranga (Salvador)
57ª	1961	Bahia (Salvador) (19º)	Botafogo (Senhor do Bonfim)
58ª	1962	Bahia (Salvador) (20º)	Ypiranga (Salvador)
59ª	1963	Fluminense de Feira (Feira de Santana) (1º)	Bahia (Salvador)
60ª	1964	Vitória (Salvador) (6º)	Bahia (Salvador)
61ª	1965	Vitória (Salvador) (7º)	Fluminense de Feira (Feira de Santana)
62ª	1966	Leônico (Salvador) (1º)	Vitória (Salvador)
63ª	1967	Bahia (Salvador) (21º)	Galícia (Salvador)
64ª	1968	Galícia (Salvador) (5º)	Fluminense de Feira (Feira de Santana)
65ª	1969	Fluminense de Feira (Feira de Santana) (2º)	Bahia (Salvador)
66ª	1970	Bahia (Salvador) (22º)	Itabuna (Itabuna)
67ª	1971	Bahia (Salvador) (23º)	Fluminense de Feira (Feira de Santana)
68ª	1972	Vitória (Salvador) (8º)	Bahia (Salvador)
69ª	1973	Bahia (Salvador) (24º)	Atlético (Alagoinhas)
70ª	1974	Bahia (Salvador) (25º)	Vitória (Salvador)
71ª	1975	Bahia (Salvador) (26º)	Vitória (Salvador)
72ª	1976	Bahia (Salvador) (27º)	Vitória (Salvador)
73ª	1977	Bahia (Salvador) (28º)	Botafogo (Senhor do Bonfim)
74ª	1978	Bahia (Salvador) (29º)	Leônico (Salvador)
75ª	1979	Bahia (Salvador) (30º)	Vitória (Salvador)
76ª	1980	Vitória (Salvador) (9º)	Galícia (Salvador)
77ª	1981	Bahia (Salvador) (31º)	Vitória (Salvador)
78ª	1982	Bahia (Salvador) (32º)	Galícia (Salvador)
79ª	1983	Bahia (Salvador) (33º)	Catuense (Catu)
80ª	1984	Bahia (Salvador) (34º)	Leônico (Salvador)

81ª	**1985**	**Vitória** (Salvador) (10º)	Bahia (Salvador)
82ª	**1986**	**Bahia** (Salvador) (35º)	Catuense (Catu)
83ª	**1987**	**Bahia** (Salvador) (36º)	Catuense (Catu)
84ª	**1988**	**Bahia** (Salvador) (37º)	**Vitória** (Salvador)
85ª	**1989**	**Vitória** (Salvador) (11º)	Bahia (Salvador)
86ª	**1990**	**Vitória** (Salvador) (12º)	**Fluminense de Feira** (Feira de Santana)
87ª	**1991**	**Bahia** (Salvador) (38º)	**Fluminense de Feira** (Feira de Santana)
88ª	**1992**	**Vitória** (Salvador) (13º)	Bahia (Salvador)
89ª	**1993**	**Bahia** (Salvador) (39º)	**Vitória** (Salvador)
90ª	**1994**	**Bahia** (Salvador) (40º)	**Vitória** (Salvador)
91ª	**1995**	**Vitória** (Salvador) (14º)	Galícia (Salvador)
92ª	**1996**	**Vitória** (Salvador) (15º)	Bahia (Salvador)
93ª	**1997**	**Vitória** (Salvador) (16º)	Bahia (Salvador)
94ª	**1998**	**Bahia** (Salvador) (41º)	**Vitória** (Salvador)
95ª	**1999**	**Bahia** (Salvador) (42º) **Vitória** (Salvador) (17º)	Poções (Poções)
96ª	**2000**	**Vitória** (Salvador) (18º)	Bahia (Salvador)
97ª	**2001**	**Bahia** (Salvador) (43º)	Juazeiro (Juazeiro)
98ª	**2002**	**Vitória** (Salvador) (19º)	**Fluminense de Feira** (Feira de Santana)
99ª	**2003**	**Vitória** (Salvador) (20º)	Catuense (Catu)
100ª	**2004**	**Vitória** (Salvador) (21º)	Bahia (Salvador)
101ª	**2005**	**Vitória** (Salvador) (22º)	Bahia (Salvador)
102ª	**2006**	**Colo Colo** (Ilhéus) (1º)	**Vitória** (Salvador)
103ª	**2007**	**Vitória** (Salvador) (23º)	Bahia (Salvador)
104ª	**2008**	**Vitória** (Salvador) (24º)	Bahia (Salvador)
105ª	**2009**	**Vitória** (Salvador) (25º)	Bahia (Salvador)
106ª	**2010**	**Vitória** (Salvador) (26º)	Bahia (Salvador)
107ª	**2011**	**Bahia de Feira** (Feira de Santana) (1º)	**Vitória** (Salvador)
108ª	**2012**	**Bahia** (Salvador) (44º)	**Vitória** (Salvador)
109ª	**2013**	**Vitória** (Salvador) (27º)	Bahia (Salvador)
110ª	**2014**	**Bahia** (Salvador) (45º)	**Vitória** (Salvador)
111ª	**2015**	**Bahia** (Salvador) (46º)	**Vitória da Conquista** (Vitória da Conquista)
112ª	**2016**	**Vitória** (Salvador) (28º)	Bahia (Salvador)
113ª	**2017**	**Vitória** (Salvador) (29º)	Bahia (Salvador)
114	**2018**	**Bahia** (Salvador) (47º)	**Vitória** (Salvador)
115	**2019**	**Bahia** (Salvador) (48º)	**Bahia de Feira** (Feira de Santana) (1º)
116	**2020**	**Bahia** (Salvador) (49º)	Atlético (Alagoinhas)
117	**2021**	**Atlético** (Alagoinhas) (1º)	**Bahia de Feira** (Feira de Santana) (1º)
118	**2022**	**Atlético** (Alagoinhas) (2º)	Jacuipense
119	**2023**	**Bahia** (Salvador) (50º)	Jacuipense
120	**2024**	**Vitória** (Salvador) (30º)	**Bahia** (Salvador) (50º)

Campeão Baiano Série B

2025 –
2024 – Colo Colo
2023 - Jequié
2022 - Itabuna
2021 - Barcelona
2020 - Unirb
2019 - Doce Mel
2018 - Atlético de Alagoinhas
2017 - Jequié
2016 - Atlântico
2015 - Flamengo
2014 - Colo Colo
2013 - Galícia
2012 - Botafogo da Bahia
2011- Juazeirense
2010 - Juazeiro
2009 - Bahia de Feira
2008 - Madre de Deus
2007 - Feirense
2006 - Vitória da Conquista
2005 - Não Disputado
2004 - Ipitanga
2003 - Camaçariense
2002 - Itabuna
2001 - Palmeiras do Nordeste
2000 - Barreiras
1999 - Colo Colo
1998 - Cruzeiro
1997 - Camaçari
1996 - Juazeiro
1995 - São Francisco
1994 - Conquista
1993 - Poções
1992 - Jequié
1991 - Camaçari
1990 - Ypiranga
1989 - Jacuipense
1988 - Galícia
1987 - Atlanta
1986 - Bahia de Feira
1985 - Galícia

1984 - ABB

1983 - Ypiranga

1982 - Bahia de Feira

1981 - Botafogo da Bahia

1980 - Não Disputado

1979 - Não Disputado

1978 - Não Disputado

1977 - Não Disputado

1976 - Não Disputado

1975 - Redenção

1974 - Não Disputado

1973 - Não Disputado

1972 - Não Disputado

1971 - Palestra

1970 - Não Disputado

1969 - Não Disputado

1968 - Redenção

1967 - Não Disputado

1966 - Não Disputado

1965 - Redenção

1964 a 1940 - Não Disputado

1941 - Bragança

1940 - Energia Circular

1939 - Guarany

1938 - Não Disputado

1937 - Energia Circular

1936 - Energia Circular

1935 - São Pedro

1934 a 1924 - Não Disputado

1923 - Yankee

1922 - Auto Bahia

Copa Governador do Estado

Foi Criada em 2009 e ficou extinta em 2016 tem como objetivo premiar o campeão com a participação na Série D do Campeonato Brasileiro do ano seguinte campeão segundo semestre.

Ano	Campeão
2009	Fluminenese de Feira
2010	Vitória da Conquista
2011	Vitória da Conquista
2012	Vitória da Conquista
2013	Bahia de Feira
2014	Vitória da Conquista
2015	Fluminenese de Feira
2016	Vitória da Conquista

Todos Campeões Intermunicipal da Bahia Desde 1946

Competição amadora realizada na Bahia com Seleções Municípios do interior do estado da Bahia Disputada desde 1946 diz-se ser uma das maiores competições amadoras de futebol do mundo.

Ano	Campeão	Vice Campeão
1946	Ilhéus	
1947	Santo Amaro	
1948-1956	*Não disputado*	
1957	Santo Amaro	
1958	Itabuna	
1959	Itabuna	
1960	Itabuna	
1961	Itabuna	
1962	Itabuna	
1963	Itabuna	
1964	Itabuna	
1965	Itabuna	
1966	Ilhéus	
1967	Cachoeira	Jequié
1968	Cachoeira	Miguel Calmon
1969	Jequié	Cachoeira

Ano	Campeão	Vice Campeão
1970	Cachoeira	São Félix
1971	Cachoeira	Feira de Santana
1972	Ipiaú	Cachoeira
1973	Feira de Santana	Camaçari
1974	Camaçari	Feira de Santana
1975	Cachoeira	Ibicaraí
1976	Feira de Santana	Lauro de Freitas
1977	Ipiaú	São Félix
1978	Feira de Santana	Ipiaú
1979	Vitória da Conquista	Serrinha
1980	Ilhéus	Senhor do Bonfim
1981	Ibicaraí	São Sebastião do Passé
1982	Serrinha	Ilhéus
1983	Jequié	Feira de Santana
1984	Vitória da Conquista	Senhor do Bonfim
1985	Paulo Afonso	São Félix
1986	Ilhéus	Paulo Afonso
1987	Itajuípe	Santo Amaro
1988	Serrinha	Itajuípe
1989	São Sebastião do Passé	Buerarema
1990	Maracás	Paulo Afonso
1991	Santo Amaro	Itajuípe
1992	Santo Amaro	Itajuípe
1993	Cachoeira	Santo Amaro
1994	Alagoinhas	Coaraci
1995	Itapetinga	Tucano
1996	Itapetinga	Muritiba
1997	Vera Cruz	Serrinha
1998	Ipiaú	Conceição do Coité
1999	Cachoeira	Valença
2000	Madre de Deus	Uruçuca
2001	Coaraci	Santo Amaro
2002	Itamaraju	Euclides da Cunha
2003	São Félix	Euclides da Cunha
2004	Itamaraju	Cachoeira
2005	Conceição do Coité	Pojuca
2006	Conceição do Coité	Pojuca
2007	Conceição do Coité	Porto Seguro

Ano	Campeão	Vice Campeão
2008	Conceição do Coité	Cachoeira
2009	Serrinha	São Francisco do Conde
2010	Porto Seguro	Conceição do Coité
2011	São Francisco do Conde	Santaluz
2012	São Francisco do Conde	Coaraci
2013	Itajuípe	Porto Seguro
2014	Cachoeira	Santaluz
2015	Santo Amaro	Uruçuca
2016	Itaberaba	Itabela
2017	Eunápolis	E.da Cunha
2018	Itamaraju	Itapetinga
2019	Itamaraju	Itapetinga
2020	Não Teve	Não Teve
2021	Não Teve	Não Teve
2022	Quijingue	Itajuipe
2023	Itamaraju	Porto Seguro
2024		
2025		
2026		
2027		
2028		
2029		

O Campeonato Baiano Intermunicipal de Futebol é uma competição brasileira amadora de futebol realizada na Bahia com equipes de municípios do interior do estado. Disputada desde 1946. É organizada pela Federação Bahiana de Futebol. No período de 1948 a 1956 o campeonato não foi disputado.

Todos Campeões Taça Estado da Bahia Desde 1998 a 2007 Extinto

Realizada pela Federação Bahiana de Futebol Começou como competição classificatória para a Série C e acesso extra à 1ª Divisão estadua.

Os maiores campeões são Bahia e Vitório 3 títulos cada.

Ano	Campeão
1998	Fluminense de Feira
1999	Camaçari
2000	Bahia
2001	Catuense
2002	Bahia
2003	Palmeira do Nordeste
2004	Vitória
2005	Vitória
2006	Vitória
2007	Bahia

Todos Campeões do Torneio Inicio da Bahia Desde 1919 a 2011 Extinto

Edição	Ano	Campeão	Vice Campeão
1ª	1919	**Ypiranga-BA** (Salvador)	AAB (Salvador)
2ª	1920	**Bahiano de Tênis** (Salvador)	Vitória (Salvador)
3ª	1921	**Yankee** (Salvador)	AAB (Salvador)
4ª	1922	**Ypiranga-BA** (Salvador)	São Bento (Salvador)
5ª	1923	**Bahiano de Tênis** (Salvador)	Ypiranga-BA (Salvador)
6ª	1924	**Botafogo-BA** (Salvador)	Auto Bahia (Salvador)
7ª	1925	**Botafogo-BA** (Salvador)	Bahiano de Tênis (Salvador)
8ª	1926	**Vitória** (Salvador)	AAB (Salvador)
9ª	1927	**Bahiano de Tênis** (Salvador)	AAB (Salvador)
10ª	1928	**ABB** (Salvador)	Bahiano de Tênis (Salvador)
11ª	1929	**Ypiranga-BA** (Salvador)	Bahiano de Tênis (Salvador)
12ª	1930	**Fluminense de Salvador** (Salvador)	--
13ª	1931	**Bahia** (Salvador)	--
14ª	1932	**Bahia** (Salvador)	Ypiranga-BA (Salvador)
15ª	1933	**Ypiranga-BA** (Salvador)	Botafogo-BA (Salvador)
16ª	1934	**Bahia** (Salvador)	Ypiranga-BA (Salvador)
17ª	1935	**Galícia** (Salvador)	Ypiranga-BA (Salvador)
18ª	1936	**Galícia** (Salvador)	Ypiranga-BA (Salvador)
19ª	1937	**Bahia** (Salvador)	Galícia (Salvador)
20ª	1938	**Bahia** (Salvador)	Vitória (Salvador)
21ª	1939	**Galícia** (Salvador)	Botafogo-BA (Salvador)
22ª	1940	**Botafogo-BA** (Salvador)	Ypiranga-BA (Salvador)
23ª	1941	**Vitória** (Salvador)	Botafogo-BA (Salvador)
24ª	1942	**Vitória** (Salvador)	Bahia (Salvador)
25ª	1943	**Vitória** (Salvador)	Galícia (Salvador)
26ª	1944	**Vitória** (Salvador)	Ypiranga-BA (Salvador)
27ª	1945	**Galícia** (Salvador)	Vitória (Salvador)
28ª	1946	**Galícia** (Salvador)	Vitória (Salvador)
29ª	1947	**Ypiranga-BA** (Salvador)	Bahia (Salvador)
30ª	1948	**Botafogo-BA** (Salvador)	Bahia (Salvador)
31ª	1949	**Vitória** (Salvador)	Botafogo-BA (Salvador)
32ª	1950	**Galícia** (Salvador)	Ypiranga-BA (Salvador)
33ª	1951	**Bahia** (Salvador)	Vitória (Salvador)
34ª	1952	**Botafogo-BA** (Salvador)	Bahia (Salvador)
35ª	1953	**Vitória** (Salvador)	São Cristóvão (Salvador)
36ª	1954	**Galícia** (Salvador)	--
37ª	1955	**Vitória** (Salvador)	Bahia (Salvador)

Edição	Ano	Campeão	Vice Campeão
38ª	1953	**Ypiranga-BA** (Salvador)	Fluminense de Feira (Feira de Santana)
39ª	1957	**Galícia** (Salvador)	Bahia (Salvador)
40ª	1958	**Vitória** (Salvador)	Galícia (Salvador)
41ª	1959	**Ypiranga-BA** (Salvador)	Bahia (Salvador)
42ª	1960	**Galícia** (Salvador)	Vitória (Salvador)
43ª	1961	**Vitória** (Salvador)	Fluminense de Feira (Feira de Santana)
44ª	1962	**Botafogo-BA** (Salvador)	Bahia (Salvador)
45ª	1963	**Ypiranga-BA** (Salvador)	Botafogo-BA (Salvador)
46ª	1964	**Bahia** (Salvador)	Vitória (Salvador)
47ª	1965	**Leônico** (Salvador)	--
48ª	1966	**São Cristóvão** (Salvador)	Ypiranga-BA (Salvador)
49ª	1967	**Bahia** (Salvador)	Galícia (Salvador)
1968–1974		*Não disputado*	
50ª	1975	**Leônico** (Salvador)	Atlético de Alagoinhas (Alagoinhas)
1976–1977		*Não disputado*	
51ª	1978	**Leônico** (Salvador)	Atlético de Alagoinhas (Alagoinhas)
52ª	1979	**Bahia** (Salvador)	Botafogo-BA (Salvador)
53ª	1980	**Vitória** (Salvador)	ABB (Salvador)
1981–2010		*Não disputado*	
54ª	2011	**Bahia de Feira** (Feira de Santana)	Vitória da Conquista (Vitória da Conquista)

Maior campeão é o Vitória, com 11 títulos

Equipe	Títulos	Vices	Último título
Vitória	11	7	1980
Bahia	9	8	1979
Galícia	9	4	1960
Ypiranga-BA	8	9	1963
Botafogo-BA	6	6	1962
Bahiano de Tênis	3	3	1927
Leônico	3	0	1978
AAB	1	4	1928
São Cristóvão	1	1	1966
Yankee	1	0	1921
Fluminense de Salvador	1	0	1930
Bahia de Feira	1	0	2011

Taça Maria Quitéria de 1996 a 1998 Extinto

A Taça Maria Quitéria foi transmitida pelo SBT e disputada 3 Edição em Salvador Bahia todos os jogos foram na Fonte Nova em cada ano eram convidadas quatro equipes que disputaram em sistema de mata-mata sendo que os vencedores de cada partida decidiam o título.

Edição 1998

Participantes
Bahia (Salvador)
Vitória (Salvador)
Palmeiras (São Paulo)
Corinthians (São Paulo)

DATA	DIA	HORÁRIO	SIMIFINAL	ESTÁDIO	TV
15/07/1998	Qua		Bahia 2 x 0 Vitória	Fonte Nova	SBT
15/07/1998	Qua		Palmeiras 1 x 1 Corinthians D Penalte 3 x 4	Fonte Nova	SBT
			FINAL	**ESTÁDIO**	
18/07/1998	Sex		Bahia 3 x 2 Corinthians	Fonte Nova	SBT

Campeão Bahia 1998

1997 Edicão 2 Taça Maria Quitéria Organização FBF Sistema Eliminatório

Participantes
Bahia (Salvador)
Vitória (Salvador)
Palmeiras (São Paulo)
Flamengo (Rio de Janeiro)

DATA	DIA	HORÁRIO	SIMIFINAL	ESTÁDIO	TV
1/07/1997	Ter	-------------	Vitória 0 x 5 Flamengo	Fonte Nova	SBT
1/07/1997	Ter	-------------	Bahia 2 x 2 Palmeiras D Penalte 4 X 5	Fonte Nova	SBT
			FINAL	**ESTÁDIO**	
3/07/1997	Qua	-------------	Flamengo 0 x 0 Palmeiras D Penalte 4 X 5	Fonte Nova	SBT

Campeão Palmeiras 1997

1996 Edicão 1 Taça Maria Quitéria Organização FBF Sistema Eliminatório

Participantes
Bahia (Salvador)
Vitória (Salvador)
Coritiba (Curitiba)
Internacional (Porto Alegre)

DATA	DIA	HORÁRIO	SEMIFINAL	ESTÁDIO	TV
2/8/1996	Sex	------------	Vitória 1 X 0 Internacional	Fonte Nova	SBT
2/8/1996	Sex	------------	Coritiba 1 X 0 Bahia	Fonte Nova	SBT
DATA	DIA	HORÁRIO	FINAL	ESTÁDIO	TV
4/8/1996	Dom	----------	Vitória 1 X 0 Coritiba D Penalte 3 X 2	Fonte Nova	SBT

Campeão Vitória 1996

Torneio Quadrangular de Salvador de 1950 a 1971 Extinto

Organizada pela Federação Baiana de Futebol, e reconhecida pela antiga CBD.

Disputada na cidade de Salvador (Bahia), Brasil, o torneio teve 11 edições, e basicamente confrontava Bahia e Vitória com outras 2 equipes convidadas, que eram geralmente equipes tradicionais de outros Estados ou Regiões do Brasil.

A partir de 1951, as partidas do Torneio Quadrangular de Salvador foram disputadas, em sua maioria no Estádio da Fonte Nova.

Esse templo do futebol nordestino foi testemunha de grandes confrontos onde clubes de 4 Estados (Rio de Janeiro, São Paulo, Pará e Bahia) se sagraram campeões.

Outro fato a engrandecer o torneio foi a participação de grandes clubes de várias Regiões do País.

Campeões Torneio Quadrangular

Ano	Campeão	Vice Campeão
1950	Bahia	Grêmio
1951	Portuguesa	Vitória
1953	Bahia	Sport
1954	Bahia	Vitória
1960	Bahia	Ypiranga
1961 - I	Bahia	Santa Cruz
1961 - II	Bahia	Vitória
1964	A. D. Leônico	Vitória
1967 - I	Clube do Remo	Bahia
1967 - II	Vitória	Bahia
1971	Fluminense	Bahia

Títulos

Bahia	06 títulos	03 vices
Vitória	01 título	04 vices
Remo	01 título	
Portuguesa	01 título	
A. D. Leônico	01 título	
Fluminense-RJ	01 título	

Campeões do Campeonato Baiano Sub 20

TITULOS 23	TITULOS 16	TITULOS 4	TITULOS 1

Ano	Campeão	Vice Campeão
1927	Ypiranga	
1928	Ypiranga	
1929	Ypiranga	
1930	Ypiranga	
1980	Vitória	
1981	Vitória	
1982	Atlético de Alagoinhas	
1983-1984	*Não disputado*	
1985	Bahia	
1986	Bahia	
1987	Bahia	
1988	Bahia	
1989	Bahia	
1990	Bahia	
1991	Bahia	
1992	Bahia	
1993	Bahia	
1994	Vitória	
1995	Vitória	
1996-1997	*Não disputado*	
1998	Vitória	
1999	Vitória	
2000	Vitória	
2001	Bahia	Vitória
2002	Vitória	
2003	Bahia	Vitória

2004	Bahia	Vitória
2005	Bahia	
2006	Vitória	
2007	Bahia	
2008	Vitória	
2009	Vitória	Fluminense de Feira
2010	Bahia	Itabuna EC
2011	Vitória	Bahia
2012	Vitória	Bahia
2013	Vitória	Bahia
2014	Bahia	Vitória
2015	Vitória	Bahia
2016	Bahia	Vitória
2017	Vitória	Atlântico EC
2018	Bahia	Vitória
2019	Bahia	Cannã
2020	Não Teve	Não Teve
2021	Bahia	Vitória
2022	Bahia	Vitória
2023	Bahia	Jacuipense
2024	Bahia	Vitória
2025		
2026		
2027		
2028		
2029		
2030		

TITULOS 23	TITULOS 16	TITULOS 4	TITULOS 1

Campeões Campeonato Baiano Sub 17

TITULOS 22	TITULOS 8	TITULOS 1

Ano	Campeão
1965	Bahia
1993	Vitória
1994	Vitória
1995	Vitória
1996	Vitória
1997	Vitória
1998	Vitória
1999	Vitória
2000	Vitória
2001	Vitória
2002	Vitória
2003	Bahla
2004	Vitória
2005	Bahia
2006	Vitória
2007	Vitória
2008	Vitória
2009	Vitória
2010	Bahia
2011	Vitória
2012	Bahia
2013	Vitória
2014	Bahia
2015	Vltória
2016	Bahia
2017	Vitória
2018	Vitória
2019	Jacuipense
2020 a 2021	Não Teve
2022	Vitória
2023	Vitória
2024	Bahia

Campeões Campeonato Baiano Sub 15

TITULOS 17	TITULOS 12

Ano	Campeão
1994	Vitória
1995	Vitória
1996	Vitória
1997	Bahia
1998	Vitória
1999	Vitória
2000	Vitória
2001	Vitória
2002	Vitória
2003	Vitória
2004	Vitória
2005	Bahia
2006	Vitória
2007	Vitória
2008	Vitória
2009	Bahia
2010	Vitória
2011	Vitória
2012	Bahia
2013	Bahia
2014	Bahia
2015	Vitória
2016	Bahia
2017	Vitória
2018	Bahia
2019	Bahia
2020 a 2021	Não Teve
2022	Bahia
2023	Bahia
2024	Bahia
2025	

sudesb

Copa 2 de Julho

Realizado Pela Superintendência dos Desportos do Estado da Bahia (SUDESB)

Apoio FBF

Copa 2 de Julho de Sub-15 nome homenageia a data da independência da Bahia é uma competição de futebol de base realizada em salvador da para jogadores de até 15 anos contando com participações da maior parte dos grandes clubes do brasil e do mundo o intuito de promover a inclusão social através do esporte e revelar novos jogadores para o país.

Ano	Campeão	Vice
2024	Goias-GO	Botafogo-RJ
2023	Atlético Mineiro	Flamengo-RJ
2022	Bahia-BA	Cannã
2020 a 2021	Não Teve	Não Teve
2019	Palmeiras-SP	Atlético-MG
2018	Sport-PE	Cruzeiro-MG
2017	Não Teve	Não Teve
2016	Flamengo-RJ	Bahia-BA
2015	Bahia-BA	Atlético-MG
2014	Não Teve	Não Teve
2013	Seleção Brasileira	Bahia-BA
2012	Vitória-BA	Cruzeiro-MG
2011	São Paulo-SP	Santos-SP
2010	Seleção Brasileira	São Paulo-SP
2009	Seleção Brasileira	Portuguesa-SP
2008	Internacional-RS	Atlético-PR
2007	Internacional-RS	Cruzeiro-MG

Ranking

RNF - RANKING NACIONAL DAS FEDERAÇÕES 2021

Clas	Fed	Estado	Total	Diferença
1	SP	São Paulo	84.516	
2	RJ	Rio de Janeiro	50.134	34382
3	RS	Rio Grande do Sul	45.127	5007
4	MG	Minas Gerais	40.542	4585
5	PR	Paraná	33.927	6615
6	SC	Santa Catarina	28.094	5833
7	GO	Goiás	21.381	6713
8	CE	Ceará	21.084	297
9	BA	Bahia	20.528	556
10	PE	Pernambuco	17.944	2584
11	AL	Alagoas	12.040	5904
12	MT	Mato Grosso	10.510	1530
13	PA	Pará	8.790	1720
14	MA	Maranhão	7.941	849
15	RN	Rio Grande do Norte	5.924	2017
16	PB	Paraíba	5.440	484
17	SE	Sergipe	4.662	778
18	AC	Acre	3.294	1368
19	AM	Amazonas	2.757	537
20	PI	Piauí	2.491	266
21	DF	Distrito Federal	2.237	254
22	ES	Espírito Santo	1.921	316
23	MS	Mato Grosso do Sul	1.895	26
24	RO	Rondônia	1.790	105
25	RR	Roraima	1.769	21
26	TO	Tocantins	1.648	121
27	AP	Amapá	1.584	64

RANKING CRIADO PELO ANTIGO SITE FUTEBOLDABAHIA

COL	TIMES	CAMPEONATO BAIANO	TORNEIO INICIO	TAÇA BAHIA COPA .G.ESTADO	VICE BAIANO
1	BAHIA	50	9	3	23
2	VITÓRIA	30	11	3	25
3	YPIRANGA	10	8	0	12
4	BOTAFOGO-BA	7	6	0	9
5	GALICIA	5	9	0	12
6	FLUMINENSE DE SSA ATL DE ALAGOINHAS	2 2	1 0	0 0	6 2
7	FLUMINENESE FEIRA	2	0	3	6
8	SÃO SALVADOR	2	0	0	1
9	LEÔNICO	1	3	0	2
10	BAIANO DE TÊNIS	1	3	0	2
11	ABB	1	1	1	4
12	BAHIA DE FEIRA	1	1	0	1
13	ATL DE ALAGOINHAS	1	0	0	2
14	INTERNACIONAL SSA	1	0	0	1
15	SANTOS DUMONT	1	0	0	2
16	COLO COLO	1	0	0	0
17	GUARANY SSA	1	0	0	0
18	INTER CRICKET	1	0	0	0
19	REPÚBLICA	1	0	0	0
20	SÃO CRISTOVÃO	0	1	0	0
21	YANKEE	0	1	0	0
22	V.DA CONQUISTA	0	0	5	1
23	CATUENSE	0	0	1	4
24	CAMAÇARI	0	0	1	0
25	PALMEIRASNORDESTE	0	0	1	0
26	JACUIPENSE	0	0	0	2
	JUAZEIRO	0	0	0	1
	ITABUNA	0	0	0	1
	ENERGIA CIRCULAR SÃO PAULO-BA POÇÕES	0 0	0 0	0 0	1

Estatuto de Defesa do Torcedor

LEI N° 10.671, DE 15 DE MAIO DE 2003.

Dispõe sobre o Estatuto de Defesa do Torcedor e dá outras providências.

O PRESIDENTE DA REPÚBLICA

Faço saber que o Congresso Nacional decreta e eu sanciono a seguinte Lei:

CAPÍTULO I

DISPOSIÇÕES GERAIS

Art. 1°: Este Estatuto estabelece normas de proteção e defesa do torcedor.

Art. 2°: Torcedor é toda pessoa que aprecie, apóie ou se associe a qualquer entidade de prática desportiva do País e acompanhe a prática de determinada modalidade esportiva.

Parágrafo único. Salvo prova em contrário, presumem-se a apreciação, o apoio ou o acompanhamento de que trata o caput deste artigo.

Art. 3°: Para todos os efeitos legais, equiparam-se a fornecedor, nos termos da Lei no 8.078, de 11 de setembro de 1990, a entidade responsável pela organização da competição, bem como a entidade de prática desportiva detentora do mando de jogo.

Art. 4° (VETADO)

CAPÍTULO II

DA TRANSPARÊNCIA NA ORGANIZAÇÃO

Art. 5°: São asseguradas ao torcedor a publicidade e transparência na organização das competições administradas pelas entidades de administração do desporto, bem como pelas ligas de que trata o art. 20 da Lei no 9.615, de 24 de março de 1998.

Parágrafo único. As entidades de que trata o caput farão publicar na internet, em sítio dedicado exclusivamente à competição, bem como afixar ostensivamente em local visível, em caracteres facilmente legíveis, do lado externo de todas as entradas do local onde se realiza o evento esportivo:

I - a íntegra do regulamento da competição;

II - as tabelas da competição, contendo as partidas que serão realizadas, com especificação de sua data, local e horário;

III - o nome e as formas de contato do Ouvidor da Competição de que trata o art. 6°;

IV - os borderôs completos das partidas;

V - a escalação dos árbitros imediatamente após sua definição; e

VI – a relação dos nomes dos torcedores impedidos de comparecer ao local do evento desportivo.

Art. 6°: A entidade responsável pela organização da competição, previamente ao seu início, designará o Ouvidor da Competição, fornecendo-lhe os meios de comunicação necessários ao amplo acesso dos torcedores.

§ 1°: São deveres do Ouvidor da Competição recolher as sugestões, propostas e reclamações que receber dos torcedores, examiná-las e propor à respectiva entidade medidas necessárias ao aperfeiçoamento da competição e ao benefício do torcedor.

§ 2°: É assegurado ao torcedor:

I - o amplo acesso ao Ouvidor da Competição, mediante comunicação postal ou mensagem eletrônica; e

II - o direito de receber do Ouvidor da Competição as respostas às sugestões, propostas e reclamações, que encaminhou, no prazo de trinta dias.

§ 3º: Na hipótese de que trata o inciso II do § 2o, o Ouvidor da Competição utilizará, prioritariamente, o mesmo meio de comunicação utilizado pelo torcedor para o encaminhamento de sua mensagem.

§ 4º: O sítio da internet em que forem publicadas as informações de que trata o parágrafo único do art. 5o conterá, também, as manifestações e propostas do Ouvidor da Competição.

§ 5º: A função de Ouvidor da Competição poderá ser remunerada pelas entidades de prática desportiva participantes da competição.

Art. 7º: É direito do torcedor a divulgação, durante a realização da partida, da renda obtida pelo pagamento de ingressos e do número de espectadores pagantes e não-pagantes, por intermédio dos serviços de som e imagem instalados no estádio em que se realiza a partida, pela entidade responsável pela organização da competição.

Art. 8º: As competições de atletas profissionais de que participem entidades integrantes da organização desportiva do País deverão ser promovidas de acordo com calendário anual de eventos oficiais que:

I - garanta às entidades de prática desportiva participação em competições durante pelo menos dez meses do ano;

II - adote, em pelo menos uma competição de âmbito nacional, sistema de disputa em que as equipes participantes conheçam, previamente ao seu início, a quantidade de partidas que disputarão, bem como seus adversários.

CAPÍTULO III

DO REGULAMENTO DA COMPETIÇÃO

Art. 9º: É direito do torcedor que o regulamento, as tabelas da competição e o nome do Ouvidor da Competição sejam divulgados até sessenta dias antes de seu início, na forma do parágrafo único do art. 5º.

§ 1º: Nos dez dias subseqüentes à divulgação de que trata o caput, qualquer interessado poderá manifestar-se sobre o regulamento diretamente ao Ouvidor da Competição.

§ 2º: O Ouvidor da Competição elaborará, em setenta e duas horas, relatório contendo as principais propostas e sugestões encaminhadas.

§ 3º: Após o exame do relatório, a entidade responsável pela organização da competição decidirá, em quarenta e oito horas, motivadamente, sobre a conveniência da aceitação das propostas e sugestões relatadas.

§ 4º: O regulamento definitivo da competição será divulgado, na forma do parágrafo único do art. 5º, quarenta e cinco dias antes de seu início.

§ 5º: É vedado proceder alterações no regulamento da competição desde sua divulgação definitiva, salvo nas hipóteses de:

I - apresentação de novo calendário anual de eventos oficiais para o ano subseqüente, desde que aprovado pelo Conselho Nacional do Esporte – CNE;

II - após dois anos de vigência do mesmo regulamento, observado o procedimento de que trata este artigo.

§ 6°: A competição que vier a substituir outra, segundo o novo calendário anual de eventos oficiais apresentado para o ano subseqüente, deverá ter âmbito territorial diverso da competição a ser substituída.

Art. 10. É direito do torcedor que a participação das entidades de prática desportiva em competições organizadas pelas entidades de que trata o art. 5o seja exclusivamente em virtude de critério técnico previamente definido.

§ 1°: Para os fins do disposto neste artigo, considera-se critério técnico a habilitação de entidade de prática desportiva em razão de colocação obtida em competição anterior.

§ 2°: Fica vedada a adoção de qualquer outro critério, especialmente o convite, observado o disposto no art. 89 da Lei no 9.615, de 24 de março de 1998.

§ 3°: Em campeonatos ou torneios regulares com mais de uma divisão, será observado o princípio do acesso e do descenso.

§ 4°: Serão desconsideradas as partidas disputadas pela entidade de prática desportiva que não tenham atendido ao critério técnico previamente definido, inclusive para efeito de pontuação na competição.

Art. 11. É direito do torcedor que o árbitro e seus auxiliares entreguem, em até quatro horas contadas do término da partida, a súmula e os relatórios da partida ao representante da entidade responsável pela organização da competição.

§ 1°: Em casos excepcionais, de grave tumulto ou necessidade de laudo médico, os relatórios da partida poderão ser complementados em até vinte e quatro horas após o seu término.

§ 2°: A súmula e os relatórios da partida serão elaborados em três vias, de igual teor e forma, devidamente assinadas pelo árbitro, auxiliares e pelo representante da entidade responsável pela organização da competição.

§ 3°: A primeira via será acondicionada em envelope lacrado e ficará na posse de representante da entidade responsável pela organização da competição, que a encaminhará ao setor competente da respectiva entidade até as treze horas do primeiro dia útil subseqüente.

§ 4°: O lacre de que trata o § 3° será assinado pelo árbitro e seus auxiliares.

§ 5°: A segunda via ficará na posse do árbitro da partida, servindo-lhe como recibo.

§ 6°: A terceira via ficará na posse do representante da entidade responsável pela organização da competição, que a encaminhará ao Ouvidor da Competição até as treze horas do primeiro dia útil subseqüente, para imediata divulgação.

Art. 12. A entidade responsável pela organização da competição dará publicidade à súmula e aos relatórios da partida no sítio de que trata o parágrafo único do art. 5° até as quatorze horas do primeiro dia útil subseqüente ao da realização da partida.

CAPÍTULO IV

DA SEGURANÇA DO TORCEDOR PARTÍCIPE DO EVENTO ESPORTIVO

Art. 13. O torcedor tem direito a segurança nos locais onde são realizados os eventos esportivos antes, durante e após a realização das partidas.

Parágrafo único. Será assegurado acessibilidade ao torcedor portador de deficiência ou com mobilidade reduzida.

Art. 14. Sem prejuízo do disposto nos arts. 12 a 14 da Lei no 8.078, de 11 de setembro de 1990, a responsabilidade pela segurança do torcedor em evento esportivo é da entidade de prática desportiva detentora do mando de jogo e de seus dirigentes, que deverão:

I – solicitar ao Poder Público competente a presença de agentes públicos de segurança, devidamente identificados, responsáveis pela segurança dos torcedores dentro e fora dos estádios e demais locais de realização de eventos esportivos;

II - informar imediatamente após a decisão acerca da realização da partida, dentre outros, aos órgãos públicos de segurança, transporte e higiene, os dados necessários à segurança da partida, especialmente:

a) o local;

b) o horário de abertura do estádio;

c) a capacidade de público do estádio; e

d) a expectativa de público;

III - colocar à disposição do torcedor orientadores e serviço de atendimento para que aquele encaminhe suas reclamações no momento da partida, em local:

a) amplamente divulgado e de fácil acesso; e

b) situado no estádio.

§ 1o É dever da entidade de prática desportiva detentora do mando de jogo solucionar imediatamente, sempre que possível, as reclamações dirigidas ao serviço de atendimento referido no inciso III, bem como reportá-las ao Ouvidor da Competição e, nos casos relacionados à violação de direitos e interesses de consumidores, aos órgãos de defesa e proteção do consumidor.

§ 2o Perderá o mando de campo por, no mínimo, dois meses, sem prejuízo das sanções cabíveis, a entidade de prática desportiva detentora do mando de jogo que não observar o disposto no caput deste artigo.

Art. 15. O detentor do mando de jogo será uma das entidades de prática desportiva envolvidas na partida, de acordo com os critérios definidos no regulamento da competição.

Art. 16. É dever da entidade responsável pela organização da competição:

I - confirmar, com até quarenta e oito horas de antecedência, o horário e o local da realização das partidas em que a definição das equipes dependa de resultado anterior;

II - contratar seguro de acidentes pessoais, tendo como beneficiário o torcedor portador de ingresso, válido a partir do momento em que ingressar no estádio;

III – disponibilizar um médico e dois enfermeiros-padrão para cada dez mil torcedores presentes à partida;

IV – disponibilizar uma ambulância para cada dez mil torcedores presentes à partida; e

V – comunicar previamente à autoridade de saúde a realização do evento.

Art. 17. É direito do torcedor a implementação de planos de ação referentes a segurança, transporte e contingências que possam ocorrer durante a realização de eventos esportivos.

§ 1o Os planos de ação de que trata o caput:

I - serão elaborados pela entidade responsável pela organização da competição, com a participação das entidades de prática desportiva que a disputarão; e

II - deverão ser apresentados previamente aos órgãos responsáveis pela segurança pública das localidades em que se realizarão as partidas da competição.

§ 2o Planos de ação especiais poderão ser apresentados em relação a eventos esportivos com excepcional expectativa de público.

§ 3o Os planos de ação serão divulgados no sítio dedicado à competição de que trata o parágrafo único do art. 5o no mesmo prazo de publicação do regulamento definitivo da competição.

Art. 18. Os estádios com capacidade superior a vinte mil pessoas deverão manter central técnica de informações, com infra-estrutura suficiente para viabilizar o monitoramento por imagem do público presente.

Art. 19. As entidades responsáveis pela organização da competição, bem como seus dirigentes respondem solidariamente com as entidades de que trata o art. 15 e seus dirigentes, independentemente da existência de culpa, pelos prejuízos causados a torcedor que decorram de falhas de segurança nos estádios ou da inobservância do disposto neste capítulo.

CAPÍTULO V

DOS INGRESSOS

Art. 20. É direito do torcedor partícipe que os ingressos para as partidas integrantes de competições profissionais sejam colocados à venda até setenta e duas horas antes do início da partida correspondente.

§ 1o O prazo referido no caput será de quarenta e oito horas nas partidas em que:

I - as equipes sejam definidas a partir de jogos eliminatórios; e

II - a realização não seja possível prever com antecedência de quatro dias.

§ 2o A venda deverá ser realizada por sistema que assegure a sua agilidade e amplo acesso à informação.

§ 3o É assegurado ao torcedor partícipe o fornecimento de comprovante de pagamento, logo após a aquisição dos ingressos.

§ 4o Não será exigida, em qualquer hipótese, a devolução do comprovante de que trata o § 3o.

§ 5o Nas partidas que compõem as competições de âmbito nacional ou regional de primeira e segunda divisão, a venda de ingressos será realizada em, pelo menos, cinco postos de venda localizados em distritos diferentes da cidade.

Art. 21. A entidade detentora do mando de jogo implementará, na organização da emissão e venda de ingressos, sistema de segurança contra falsificações, fraudes e outras práticas que contribuam para a evasão da receita decorrente do evento esportivo.

Art. 22. São direitos do torcedor partícipe:

I - que todos os ingressos emitidos sejam numerados; e

II - ocupar o local correspondente ao número constante do ingresso.

§ 1o O disposto no inciso II não se aplica aos locais já existentes para assistência em pé, nas competições que o permitirem, limitando-se, nesses locais, o número de pessoas, de acordo com critérios de saúde, segurança e bem-estar.

§ 2o missão de ingressos e o acesso ao estádio na primeira divisão da principal competição nacional e nas partidas finais das competições eliminatórias de âmbito nacional deverão ser realizados por meio de sistema eletrônico que viabilize a fiscalização e o controle da quantidade de público e do movimento financeiro da partida.

§ 3o O disposto no § 2o não se aplica aos eventos esportivos realizados em estádios com capacidade inferior a vinte mil pessoas.

Art. 23. A entidade responsável pela organização da competição apresentará ao Ministério Público dos Estados e do Distrito Federal, previamente à sua realização, os laudos técnicos expedidos pelos órgãos e autoridades competentes pela vistoria das condições de segurança dos estádios a serem utilizados na competição.

§ 1o Os laudos atestarão a real capacidade de público dos estádios, bem como suas condições de segurança.

§ 2o Perderá o mando de jogo por, no mínimo, seis meses, sem prejuízo das demais sanções cabíveis, a entidade de prática desportiva detentora do mando do jogo em que:

I - tenha sido colocado à venda número de ingressos maior do que a capacidade de público do estádio; ou

II - tenham entrado pessoas em número maior do que a capacidade de público do estádio.

Art. 24. É direito do torcedor partícipe que conste no ingresso o preço pago por ele.

§ 1o Os valores estampados nos ingressos destinados a um mesmo setor do estádio não poderão ser diferentes entre si, nem daqueles divulgados antes da partida pela entidade detentora do mando de jogo.

§ 2o O disposto no § 1o não se aplica aos casos de venda antecipada de carnê para um conjunto de, no mínimo, três partidas de uma mesma equipe, bem como na venda de ingresso com redução de preço decorrente de previsão legal.

Art. 25. O controle e a fiscalização do acesso do público ao estádio com capacidade para mais de vinte mil pessoas deverá contar com meio de monitoramento por imagem das catracas, sem prejuízo do disposto no art. 18 desta Lei.

CAPÍTULO VI

DO TRANSPORTE

Art. 26. Em relação ao transporte de torcedores para eventos esportivos, fica assegurado ao torcedor partícipe:

I - o acesso a transporte seguro e organizado;

II - a ampla divulgação das providências tomadas em relação ao acesso ao local da partida, seja em transporte público ou privado; e

III - a organização das imediações do estádio em que será disputada a partida, bem como suas entradas e saídas, de modo a viabilizar, sempre que possível, o acesso seguro e rápido ao evento, na entrada, e aos meios de transporte, na saída.

Art. 27. A entidade responsável pela organização da competição e a entidade de prática desportiva detentora do mando de jogo solicitarão formalmente, direto ou mediante convênio, ao Poder Público competente:

I - serviços de estacionamento para uso por torcedores partícipes durante a realização de eventos esportivos, assegurando a estes acesso a serviço organizado de transporte para o estádio, ainda que oneroso; e

II - meio de transporte, ainda que oneroso, para condução de idosos, crianças e pessoas portadoras de deficiência física aos estádios, partindo de locais de fácil acesso, previamente determinados.

Parágrafo único. O cumprimento do disposto neste artigo fica dispensado na hipótese de evento esportivo realizado em estádio com capacidade inferior a vinte mil pessoas.

CAPÍTULO VII

DA ALIMENTAÇÃO E DA HIGIENE

Art. 28. O torcedor partícipe tem direito à higiene e à qualidade das instalações físicas dos estádios e dos produtos alimentícios vendidos no local.

§ 1o O Poder Público, por meio de seus órgãos de vigilância sanitária, verificará o cumprimento do disposto neste artigo, na forma da legislação em vigor.

§ 2o É vedado impor preços excessivos ou aumentar sem justa causa os preços dos produtos alimentícios comercializados no local de realização do evento esportivo.

Art. 29. É direito do torcedor partícipe que os estádios possuam sanitários em número compatível com sua capacidade de público, em plenas condições de limpeza e funcionamento.

Parágrafo único. Os laudos de que trata o art. 23 deverão aferir o número de sanitários em condições de uso e emitir parecer sobre a sua compatibilidade com a capacidade de público do estádio.

CAPÍTULO.VIII

DA RELAÇÃO COM A ARBITRAGEM ESPORTIVA

Art. 30. É direito do torcedor que a arbitragem das competições desportivas seja independente, imparcial, previamente remunerada e isenta de pressões.

Parágrafo único. A remuneração do árbitro e de seus auxiliares será de responsabilidade da entidade de administração do desporto ou da liga organizadora do evento esportivo.

Art. 31. A entidade detentora do mando do jogo e seus dirigentes deverão convocar os agentes públicos de segurança visando a garantia da integridade física do árbitro e de seus auxiliares.

Art. 32. É direito do torcedor que os árbitros de cada partida sejam escolhidos mediante sorteio, dentre aqueles previamente selecionados.

§ 1o O sorteio será realizado no mínimo quarenta e oito horas antes de cada rodada, em local e data previamente definidos.

§ 2o O sorteio será aberto ao público, garantida sua ampla divulgação.

CAPÍTULO IX

DA RELAÇÃO COM A ENTIDADE DE PRÁTICA DESPORTIVA

Art. 33. Sem prejuízo do disposto nesta Lei, cada entidade de prática desportiva fará publicar documento que contemple as diretrizes básicas de seu relacionamento com os torcedores, disciplinando, obrigatoriamente:

I - o acesso ao estádio e aos locais de venda dos ingressos;

II - mecanismos de transparência financeira da entidade, inclusive com disposições relativas à realização de auditorias independentes, observado o disposto no art. 46-A da Lei no 9.615, de 24 de março de 1998; e

III - a comunicação entre o torcedor e a entidade de prática desportiva.

Parágrafo único. A comunicação entre o torcedor e a entidade de prática desportiva de que trata o inciso III do caput poderá, dentre outras medidas, ocorrer mediante:

I - a instalação de uma ouvidoria estável;

II - a constituição de um órgão consultivo formado por torcedores não-sócios; ou

III - reconhecimento da figura do sócio-torcedor, com direitos mais restritos que os dos demais sócios.

CAPÍTULO X

DA RELAÇÃO COM A JUSTIÇA DESPORTIVA

Art. 34. É direito do torcedor que os órgãos da Justiça Desportiva, no exercício de suas funções, observem os princípios da impessoalidade, da moralidade, da celeridade, da publicidade e da independência.

Art. 35. As decisões proferidas pelos órgãos da Justiça Desportiva devem ser, em qualquer hipótese, motivadas e ter a mesma publicidade que as decisões dos tribunais federais.

§ 1o Não correm em segredo de justiça os processos em curso perante a Justiça Desportiva.

§ 2o As decisões de que trata o caput serão disponibilizadas no sítio de que trata o parágrafo único do art. 5o.

Art. 36. São nulas as decisões proferidas que não observarem o disposto nos arts. 34 e 35.

CAPÍTULO XI

DAS PENALIDADES

Art. 37. Sem prejuízo das demais sanções cabíveis, a entidade de administração do desporto, a liga ou a entidade de prática desportiva que violar ou de qualquer forma concorrer para a violação do disposto nesta Lei, observado o devido processo legal, incidirá nas seguintes sanções:

I – destituição de seus dirigentes, na hipótese de violação das regras de que tratam os Capítulos II, IV e V desta Lei;

II - suspensão por seis meses dos seus dirigentes, por violação dos dispositivos desta Lei não referidos no inciso I;

III - impedimento de gozar de qualquer benefício fiscal em âmbito federal; e

IV - suspensão por seis meses dos repasses de recursos públicos federais da administração direta e indireta, sem prejuízo do disposto no art. 18 da Lei no 9.615, de 24 de março de 1998.

§ 1o Os dirigentes de que tratam os incisos I e II do caput deste artigo serão sempre:

I - o presidente da entidade, ou aquele que lhe faça as vezes; e

II - o dirigente que praticou a infração, ainda que por omissão.

§ 2o A União, os Estados, o Distrito Federal e os Municípios poderão instituir, no âmbito de suas competências, multas em razão do descumprimento do disposto nesta Lei.

§ 3o A instauração do processo apuratório acarretará adoção cautelar do afastamento compulsório dos dirigentes e demais pessoas que, de forma direta ou indiretamente, puderem interferir prejudicialmente na completa elucidação dos fatos, além da suspensão dos repasses de verbas públicas, até a decisão final.

Art. 38. (VETADO)

Art. 39. O torcedor que promover tumulto, praticar ou incitar a violência, ou invadir local restrito aos competidores ficará impedido de comparecer às proximidades, bem como a qualquer local em que se realize evento esportivo, pelo prazo de três meses a um ano, de acordo com a gravidade da conduta, sem prejuízo das demais sanções cabíveis.

§ 1o Incorrerá nas mesmas penas o torcedor que promover tumulto, praticar ou incitar a violência num raio de cinco mil metros ao redor do local de realização do evento esportivo.

§ 2o A verificação do mau torcedor deverá ser feita pela sua conduta no evento esportivo ou por Boletins de Ocorrências Policiais lavrados.

§ 3o A apenação se dará por sentença dos juizados especiais criminais e deverá ser provocada pelo Ministério Público, pela polícia judiciária, por qualquer autoridade, pelo mando do evento esportivo ou por qualquer torcedor partícipe, mediante representação.

Art. 40. A defesa dos interesses e direitos dos torcedores em juízo observará, no que couber, a mesma disciplina da defesa dos consumidores em juízo de que trata o Título III da Lei no 8.078, de 11 de setembro de 1990.

Art. 41. A União, os Estados, o Distrito Federal e os Municípios promoverão a defesa do torcedor, e, com a finalidade de fiscalizar o cumprimento do disposto nesta Lei, poderão:

I - constituir órgão especializado de defesa do torcedor; ou

II - atribuir a promoção e defesa do torcedor aos órgãos de defesa do consumidor.

CAPÍTULO XII

DISPOSIÇÕES FINAIS E TRANSITÓRIAS

Art. 42. O Conselho Nacional de Esportes – CNE promoverá, no prazo de seis meses, contado da publicação desta Lei, a adequação do Código de Justiça Desportiva ao disposto na Lei no 9.615, de 24 de março de 1998, nesta Lei e em seus respectivos regulamentos.

Art. 43. Esta Lei aplica-se apenas ao desporto profissional.

Art. 44. O disposto no parágrafo único do art. 13, e nos arts. 18, 22, 25 e 33 entrará em vigor após seis meses da publicação desta Lei.

Art. 45. Esta Lei entra em vigor na data de sua publicação.

Brasília, 15 de maio de 2003; 182° da Independência e 115° da República.

Estádios Atuais

Arena Fonte Nova (Salvador **) Capacidade: 60,000**
Grama Natural 105 X 68
Endereço: Ladeira da Fontes das Pedras Nazaré Salvador Bahia
Proprietário: Governo do Estada da Bahia
Record de Publico: 51,227 jogo Belgica 2 X 1 Estados Unidos 1 de julho 2014
OBS: Record Fonte Nova Antigo foi de 110 mil no jogo semifinal Bahia 2 x 1 Fluminense-RJ Brasileiro de 1988.
Inauguração: 7 de Abril de 2013 da Nova Arena.

inaugurado em 1951 com capacidade estimada em 30 mil torcedores e depois ampliada com a construção do anel superior para algo em torno de 80 mil pessoas a antiga Fonte Nova funcionou desde então até seu fechamento em 2007 por conta do grave acidente que ocorreu no estádio caso aconteceu na tarde do dia 25 de novembro durante jogo válido pela Série C 2007 entre Bahia x Vila Nova de Goiás jogo estava empatado em 0 x 0 quando uma parte da arquibancada do anel superior do estádio não resistiu ao grande número de pessoas e cedeu por volta dos trinta e cinco minutos do segundo tempo matando sete pessoas na hora e deixando dezenas de feridos numa altura superior a 20 metros na época o estádio era considerado um dos piores do Brasil pelo Sindicato Nacional das Empresas de Arquiteturas e Engenharia Sinaenco Ao final da partida onde mais de 60 mil pessoas estavam presentes a torcida do Bahia invadiu o gramado da Fonte Nova para comemorar o acesso à Série B do ano seguinte.

Estádio Pituaçu (Salvador) **Capacidade: 32,160**
Grama Natural 105 X 68
Endereço: Pituaçu Salvador Bahia
Proprietário: Governo do Estada da Bahia
Record de Publico: 32,157 Bahia 2 X 0 Sport-PE 2 de Novembro de 2010
Inauguração: 11 de Março de 1979

Primeiro estádio no Brasil com energia Solar um sistema de geração solar fotovoltaica equipamento de iluminação solar da América Latina.

Estádio Manoel Barradas Barradão (Salvador) **Capacidade: 30,618**
Grama Natural 105 X 68
Endereço: Canabrava Salvador Bahia
Proprietário: Esporte Clube Vitoria
Record de Publico: 51,220 jogo Vitoria 2 x 0 Juazeiro 7 de Maio de 2000
Inauguração: 9 de Novembro de 1986

Estádio Joia da Princesa (Feira de Santana) **Capacidade: 16,275**
Grama Natural 105 X 68
Endereço: Feira de Santana Bahia
Proprietário: Prefeitura de Feira de Santana
Record de Publico: 28 mil jogo Fluminense-Ba 0 X 1 Vasco-RJ 13 de Novembro de 1966
Inauguração: 1 de Março de 1953

Estádio Municipal Antônio de Figueredo Carneiro (Alagoinhas) **Capacidade: 12,000**
Grama Natural 105 X 68
Endereço: Alagoinhas Salvador Bahia
Proprietário: Prefeitura de Alagoinhas
Record de Publico:
Inauguração:

Lomanto Junior (Vitória da Conquista) **Capacidade: 12,934**
Grama Natural 105 X 68
Endereço: Vitória da conquista - Bahia
Proprietário: Prefeitura de Vitória da conquista
Record de Publico:
Inauguração: 5 de Novembro de 1966

Estádio Municipal Luiz Viana Filho (itabuna) **Capacidade: 11,000**
Grama Natural 105 X 68
Endereço: Itabuna - Bahia
Proprietário: Prefeitura de Itabuna
Record de Publico: 28,213 jogo Flamengo-RJ 2 X 2 Vasco-RJ 20 de Março de 1977
Inauguração: 28 de Julho de 1973

Estádio Adauto Moraes (Juazeiro **) Capacidade: 8,000**
Grama Natural 105 X 68
Endereço: Juazeiro - Bahia
Proprietário: Prefeitura de Juazeiro
Record de Publico: 12,120 jogo Juazeiro 1 X 2 Bahia em 14 de junho de 2001
Inauguração:

Estádio Antônio Pena Apelidado Penão (Catu **) Capacidade: 8,000**
Grama Natural 105 X 68
Endereço: catu - Bahia
Proprietário: Prefeitura de Catu
Record de Publico:
Inauguração:

Estádio Mário Pessoa(Ilhéus) Capacidade: 7,000
Grama Natural 105 X 68
Endereço: Ilhéus - Bahia
Proprietário: Prefeitura de Ilhéus
Record de Publico:
Inauguração: 28 Junho de 1940 Bahia 4 x 2 Ypiranga

Estádio Municipal Fernando Lopes Antigo **Armando Oliveira (** Camaçari **) Capacidade: 7,000**
Grama Natural 105 X 68
Endereço: Camaçari - Bahia
Proprietário: Prefeitura de Camaçari
Record de Publico:
Inauguração: 1985

Estádio 2 de julho (Guanambi) **Capacidade:** 5,000
Grama Natural 105 X 68
Endereço: Guanambi - Bahia
Proprietário: Prefeitura de Guanambi
Record de Publico:
Inauguração:

Estádio José Rocha (Jacobina) **Capacidade:** 5,000
Grama Natural 105 X 68
Endereço: Jacobina - Bahia
Proprietário: Prefeitura de Jacobina
Record de Publico:
Inauguração:

Eliel Martins Valfredão (Riachão do Jacuipe) **Capacidade: 5,000**
Grama Natural 105 X 68
Endereço: Riachão do Jacuipe - Bahia
Proprietário: Prefeitura de Riachão do Jacuipe
Record de Publico:
Inauguração:

Estádio Arena Cajueiro Prof, Jodilton Souza (Feira de Santana) **Capacidade: 10,000**
Grama Sintética 105 X 68
Endereço: Feira de Santana - Bahia
Proprietário: A D Bahia de Feira
Record de Publico:
Inauguração: 10 Julho de 2018

Estádio Waldomiro Borges (Jequié **) Capacidade: 3,000**
Grama Natural 105 X 68
Endereço: Jequié - Bahia
Proprietário: Prefeitura de Jequié
Record de Publico:
Inauguração:

Estádio Municipal Pedro Amorim Duarte (Senhor do Bomfim **) Capacidade: 6,000**
Grama Natural 105 X 68
Endereço: Senhor do Bomfim - Bahia
Proprietário: Prefeitura de Senhor do Bomfim
Record de Publico:

Estádio Galdino Leite Vila Canária (Salvador **) Capacidade: 4,000**
Grama Sintética 105 X 68
Endereço: Rua Direta da Vila Canária - Bahia
Proprietário: Esporte Clube Ypiranga
Record de Publico:
Inauguração: 19 de Fevereiro de 1974
Reformado 2023

Torcidas Organizadas

Nome: TORCIDA UNIFORMIZADA OS IMBÁTIVEIS
Time: Esporte Clube Vitória
Fundação: 20/10/1997
Sede: Rua Engenheiro Silva Lima, 3 - Nazaré - Salvador - BA
Sub-sedes: Comandos
Lema: " Com o Vitória Além da Morte, Acima de Nós só D... "
Site Oficial: www.osimbativeis.com.br

Nome: CAMISA 12 DO VITÓRIA
Time: Esporte Clube Vitória
Fundação: **/**/2008
Sede: Salvador - BA
Sub-sedes:
Lema: " Expressão de amor ao Vitória "
Site Oficial: www.camisa12dovitoria.com.br

Nome:	TORCIDA UNIFORMIZADA VILOUCURA
Time:	Esporte Clube Vitória
Fundação:	26/08/1998
Sede:	Salvador - BA
Sub-sedes:	
Lema:	
Site Oficial:	Site não disponivel

Nome:	TORCIDA ORGANIZADA BAMOR
Time:	Esporte Clube Bahia
Fundação:	12/08/1978
Sede:	Rua Corpo Santo (Comércio), 16, Salvador - BA
Sub-sedes:	Distritos
Lema:	" Ninguém nos Vence em Vibração "
Site Oficial:	www.bamor.com.br

Nome: TORCIDA UNIFORMIZADA TERROR TRICOLOR
Time: Esporte Clube Bahia
Fundação: 01/05/2004
Sede: Rua Jogo do Carneiro S/N, Saúde - Salvador-BA
Sub-sedes: Famílias
Lema: " O Terror de Vocês "
Site Oficial: www.flogao.com.br/terrortricolorbahia

Nome: TORCIDA ORGANIZADA POVÃO
Time: Esporte Clube Bahia
Fundação: 20/09/1976
Sede: Avenida 7 de Setembro, 95, 2° andar, Centro - Salvador-BA
Sub-sedes: Comandos
Lema: " Um Show nos Estádios "
Site Oficial: www.torcidapovao.kit.net

Nome:	TORCIDA GARRA TRICOLOR
Time:	Esporte Clube Bahia
Fundação:	20/07/1998
Sede:	Rua Wenceslau Galo, 18 - C. de Farias - Salvador - BA
Sub-sedes:	
Lema:	" Ideologia, Atitude e Irmandade "
Site Oficial:	tigt-garratricolor.blogspot.com

Nome:	TORCIDA UNIFORMIZADA FALANGE TRICOLOR
Time:	Fluminense de Feira Futebol Clube
Fundação:	12/02/2000
Sede:	Feira de Santana - BA
Sub-sedes:	Comandos
Lema:	" A Maior Expressão de Amor ao Fluminense de Feira... "
Site Oficial:	www.flogao.com.br/amaistemidadabahia

Nome: TORCIDA ORGANIZADA FORÇA JOVEM
Time: Fluminense de Feira Futebol Clube
Fundação: 08/02/1999
Sede: Feira de Santana - BA
Sub-sedes:
Lema:
Site Oficial: www.flogao.com.br/forcajovemdabahia

Nome: TORCIDA ORGANIZADA CRIPTONITA
Time: ECPP Vitória da Conquista
Fundação: 31/01/2007
Sede: Rua Teodoro Sampaio, 442, Bairro São Vicente, Vitória da C...
Sub-sedes: Famílias
Lema: " Raça, Coragem e Amor "
Site Oficial: www.torcidacriptonita.com.br

Nome: **Tricoloucas**
Time: **Esporte Clube Bahia**
Fundação: **1º de outubro de 2017**
Sede:
Sub-sedes:
Lema: **A arquibancada também é feminina**
Site Oficial: **https://www.instagram.com/tricoloucas/?hl=pt-br**

Nome: MOVIMENTO DRAGÕES DO SUL
Time: Itabuna Esporte Clube
Fundação: 22/03/2009
Sede: Itabuna - BA
Sub-sedes:
Lema:
Site Oficial: dragoesdosul.webcindario.com

Nome: TORCIDA SERRAMOR
Time: Serrano Sport Club
Fundação: 10/05/2010
Sede: Vitória da Conquista - BA
Sub-sedes:
Lema: " Amor e Paixão "
Site Oficial: www.torcidaserramor.blogspot.com

Nome: TORCIDA JOVEM CORAL
Time: Alagoinhas Atlético Clube
Fundação: 01/10/1975
Sede: Praça Professor Mário Laerte s/n Carneirão, Alagoinhas -...
Sub-sedes:
Lema: " Unir para Servir "
Site Oficial: Site não disponivel

Nome:	TORCIDA ORGANIZADA NAÇÃO CARCARÁ
Time:	Alagoinhas Atlético Clube
Fundação:	01/01/2008
Sede:	Urbis II - Rua E,n8 - Jardim Petrolar - Alagoinhas - BA
Sub-sedes:	Ninhos
Lema:	" Mais que uma Torcida, Uma Nação "
Site Oficial:	www.flogao.com.br/nacaocarcara

Nome:	TORCIDA UNIFORMIZADA MANCHA AZUL
Time:	Colo Colo Futebol e Regatas
Fundação:	**/**/****
Sede:	Ilhéus - BA
Sub-sedes:	
Lema:	
Site Oficial:	Site não disponivel

Nome: TORCIDA JOVEM CANÁRIO
Time: Esporte Clube Ypiranga
Fundação: 01/12/2010
Sede: Rua Direta do Ypiranga, S/N, Vila Canária, Salvador - BA
Sub-sedes:
Lema: " O Povo foi quem te criou "
Site Oficial: www.torcidajovemcanario.blogspot.com

Nome: TORCIDA ORGANIZADA FÚRIA AURINEGRA
Time: Esporte Clube Ypiranga
Fundação: 16/05/2012
Sede: Villa Kanaria - Ba
Sub-sedes: Zonas
Lema: " Incentivo das grandes vitórias "
Site Oficial: www.facebook.com/FuriaAurinegra

Nome:	TORCIDA JOVEM CATUENSE
Time:	Associação Esportiva Catuense
Fundação:	05/12/2009
Sede:	Rua José Visco, s/n, Pioneiro, Catu - BA
Sub-sedes:	Distritos
Lema:	" A Força da Catuense "
Site Oficial:	torcidajovemcatuense.webnode.com.br

Nome:	Torcida Organizada Império Solar
Time:	Associação Desportiva Jequié
Fundação:	2011
Sede:	Av. Alves Pereira, 44, Galeria Ciclame Center Jequié Ba
Sub-sedes:	
Lema:	
Site Oficial:	www.facebook.com/TorcidaImperioSolar

Nome: Torcida Jegue de Ouro
Time: Jacobina Esporte Clube
Fundação: 22 / 12 / 2014
Sede: Rua José Rocha s/n
Sub-sedes:
Lema:
Site Oficial: www.facebook.com/TorcidaJeguedeOuro

Nome: Torcida Colo Chopp
Time: Colo Colo de Futebol e Regatas
Fundação: 01/06/2014
Sede:
Sub-sedes:
Lema: Bebados e Embriagados pelo Tigre!
Site Oficial: www.facebook.com/torcidacolochopp/

Nome: **Torcida Leão do Sisal**
Time: **Esporte Clube Jacuipense**
Fundação: **10/04/2011**
Sede: **Riachão do Jacuipe-Bahia**
Sub-sedes: **Distritos**
Lema: **Força, Honra, e Paixão**
Site Oficial:

Nome:	TORCIDA JOVEM ITABUNA
Time:	Itabuna Esporte Clube
Fundação:	03/01/2008
Sede:	Rua Saturnino José Soares, Fátima, s/n, Itabuna - BA
Sub-sedes:	
Lema:	" O Exercíto Azulino "
Site Oficial:	tjitabuna.blogspot.com.br

Times Baianos

NOME: ALAGOINHAS ATLÉTICO CLUBE

FUNDAÇÃO: 2/4/1970 **TEL:**

SEDE: PRAÇA MÁRIO LAERTE S/N ALAGOINHAS

SITE: WWW.ALAGOINHASATLETICOCLUBE.COM

SITUAÇÃO: ATIVO

Carcará

MAISCOTE

História

Após análises dos sucessivos sucessos dos campeonatos de futebol amador da cidade de Alagoinhas em que destacavam-se o Grêmio, Ferroviário, Agulha, Juventus, Botafogo e Gato Preto, e das participações da Seleção Alagoinhense nos campeonatos intermunicipais de seleções, com a inauguração do Estádio Municipal Antônio de Figueiredo Carneiro (Estádio Antônio Carneiro - **o Carneirão**), os desportistas de Alagoinhas, resolveram fundar e inscrever um clube para disputa do Campeonato Baiano de Futebol. Como o clubismo era muito grande, foi consenso a fundação de um outro clube que não os já existentes, daí o **Alagoinhas Atlético Clube**, fundado em 2 de abril de 1970.

Sócio fundador conselheiro e torcedor apaixonado, Saturnino Peixoto Pinto concentrou seu poder de imaginação para criar o escudo do Atlético, clube de seu coração e, explicando seu significado:"O escudo é de forma circular e sua periferia é contornada por uma roda dentada em esmalte sable (preto), significando pela forma, o trabalho e, pela cor, a prudência e o poder. Segue-se a faixa concêntrica em metal prata (brancol), significando pureza e paz, Nessa faixa está colocada a legenda **Alagoinhas Atlético Clube**, sendo separada por três estrelas que representam os elementos da natureza: Terra, Água e Ar. O círculo central, em esmalte galês (vermelho), significa soberania e luta e nele está localizada as letras "AAC", de traçado concêntrico e em metal prata (branco).

Bi-Campeão Baiano - 1ª Divisão: 2021, 2022

Campeão Baiano - 2ª Divisão: 2018

NOME: **Associação Desportiva Bahia de Feira**

FUNDAÇÃO: **2/07/1937** TEL: **(75)2102-9127**

SEDE: **Arena Cajueiro Feira de Santana - Ba**

SITE:

SITUAÇÃO: ATIVO

RAIO
MAISCOTE

História

O Bahia de Feira foi fundado em 2 de julho de 1937 Originalmente o clube se chamava apenas Associação Desportiva Bahia de Feira. Em 1969 passou a se chamar Associação Desportiva Bahia de Feira com um uniforme listrado em amarelo e vermelho. O Feira Esporte Clube durou apenas três anos e acabou em 1972 voltando a se chamar Associação Desportiva Bahia mas desta vez com o "de Feira" no nome e com o retorno das cores originais, o clube porém só retornou a elite em 1983.

Em 2009, com uma nova direção, foi tricampeão da segundona baiana e conseguiu chegar às semifinais da elite no ano seguinte, chegando a vencer a dupla Ba-Vi no mesmo ano.

Em 2011, o sucesso foi ainda maior: o clube conseguiu ser campeão do Torneio Início, chegou ao título do Campeonato Baiano pela primeira vez, desbancando o tradicional Vitória de Salvador de virada na final, além de garantir uma vaga na Série D e na Copa do Brasil.

Titulos

Campeonato Baiano: 2011 Copa Governador: 2013 Campeonato Baiano - 2ª Divisão: 1982- 1986 – 2009

NOME: Esporte Clube Bahia

FUNDAÇÃO: 1/01/1931 **TEL:**

SEDE: Estrada Cidade Tricolor, s/n, Camaçari BA

SITE: www.esporteclubebahia.com.br

SITUAÇÃO: ATIVO

Super-Homem

MAISCOTE

O **Esporte Clube Bahia** é um clube desportivo brasileiro de futebol da cidade de Salvador, na Bahia. Conhecido como simplesmente **Bahia** e pelo acrônimo **ECB**, foi fundado em 1° de janeiro de 1931 por ex-jogadores do Clube Bahiano de Tênis e a Associação Atlética da Bahia, agremiações que tinham encerrado suas atividades futebolísticas no final da década de 1920. Foi cofundador do Clube dos 13 em 1987, que reunia as treze agremiações mais importantes do

CAMPEÃO BAIANO E DO TORNEIO INÍCIO - 1931

futebol brasileiro e que representavam 95% dos torcedores brasileiros na época. Com pouco mais de 80 anos de existência, o Tricolor da Boa Terra tornou-se um dos clubes mais populares do estado e do Norte-Nordeste do país, detendo a maior torcida dentre os clubes da região. De acordo com a empresa BDO RCS Auditores Independentes, a marca do clube é a décima quinta de maior valor no Brasil, ultrapassando os 55 milhões de reais, figurando como a maior do Nordeste. Em um novo levantamento feito em 2013, a marca do Bahia persistiu sendo a mais valiosa, estando, dessa vez, na casa dos 66 milhões.

Titulos

Tríplice Coroa: 1959 Campeonato Brasileiro: 1959 - 1988 _Taça Norte-Nordeste:1959 - 1961 - 1963

Copa do Nordeste: 2001 - 2002 - 2017

Taça Estado da Bahia: 2002 - 2003 – 2007

Torneio Início da Bahia 9 : 1931 - 1932 - 1934 - 1937 - 1938 - 1951, 1964 - 1967 – 1979

Campeonato Baiano50 : 1931 - 1933 - 1934 -1936 - 1938 -1940 - 1944 - 1945 - 1947 -1948 - 1949 - 1950 – 1952- 1954 - 1956 - 1958 - 1959 - 1960 - 1961 - 1962 - 1967 - 1970 - 1971 - 1973 -1974 - 1975 - 1976 - 1977- 1978-1979 -1981 -1982 - 1983 - 1984 - 1986 - 1987 - 1988 - 1991 - 1993 - 1994 - 1998 - 1999 - 2001- 2012 -2014 - 2015 - 2018 – 2019-2020-2023

Campeão da Taça Brasil de 1959 - Em pé: Nadinho, Beto, Hermínio, Nelsinho, Flávio e Vicente; Agachados: Marito, Alencar, Léu, Mario e Biriba

ESPORTES

Aqui, os novos campeões

COPA BRASIL

Contrariando o favoritismo inicial, uma equipe de jogadores pouco conhecidos no futebol brasileiro chega ao título da Copa Brasil 88, com merecimento

Ronaldo

Tarantini

Bobô

Osmar

Sandro

perdendo apenas para o ABC de Natal o qual soma 53 títulos. O Bahia por muito tempo conquistou a hegemonia do campeonato estadual, ao ponto de ter sido heptacampeão, de 1973 a 1979. Mas, apesar do currículo vitorioso, o Bahia amargou durante a década de 2000 um dos piores períodos de história. Além de conquistar somente um título estadual (em 2001), foi rebaixado para a Série B do Campeonato Brasileiro em 2003 e para Série C em 2005. O clube retornou para a segunda divisão nacional em 2008 e a principal divisão em 2011.

Tem como suas cores oficiais o azul, o branco e o vermelho, em homenagem a bandeira do seu estado de origem. Estado, inclusive, que é lembrado no nome do clube, nas cores, no escudo, na bandeira e, também, nas arquibancadas. O mascote tricolor é o Super-Homem, popular personagem da história em quadrinhos. O Bahia mandava seus jogos no Campo da Graça, até a inauguração da Fonte Nova, que em 2007 foi interditada, em 2010 demolida para reforma e, desde 2013, já como Arena Fonte Nova, voltou a ser o mando de campo do clube. No período da ausência dela, o Bahia mandou seus jogos no Estádio de Pituaçu, casa que, na ausência da Arena, sempre abriga bem o tricolor, fato que confere a ele enorme simpatia da torcida, principalmente em 2010 que ficou marcado na vida do clube por simbolizar o retorno do clube ao cenário nacional após o rebaixamento em 2003. Seu maior rival é o Esporte Clube Vitória com quem protagoniza o clássico conhecido como Ba-Vi, clássico que o Bahia detém uma vantagem, seja em número de triunfos, seja em número de gols marcados, porém desde a década de 90, essa vantagem histórica foi drasticamente diminuída. Ainda assim, é um dos mais importantes do futebol brasileiro. Porém, o Bahia protagoniza clássicos históricos com outros clubes tradicionais de Salvador que já tiveram seus dias de glória, como o Galícia (o Clássico das Cores), com o Botafogo-BA(o Clássico do Pote), e o Ypiranga (o Clássico das Multidões). Regionalmente, há também muita rivalidade contra o Sport.

Trajetória no futebol

O clube foi fundado em 1° de janeiro de 1931 exclusivamente para formar uma equipe de futebol masculino em decorrência do fechamento dos departamentos de futebol a Associação Atlética da Bahia e o Clube Bahiano de Tênis em 1930. Após discussões, foram aprovados o novo estatuto e a primeira diretoria, sendo eleito presidente o jovem médico Waldemar Costa, e publicação do estatuto no Diário Oficial da União de 16 de janeiro de 1931.Em 20 de janeiro, o Bahia se filiou na Federação Bahiana de Esportes Terrestres, atual Federação Bahiana de Futebol. Os treinamentos eram feitos no campo da AAB, na Quinta da Barra. E em 1 de março foi realizado o primeiro jogo oficial do clube, pelo Torneio Início, contra o Ypiranga. A partida resultou na vitória tricolor por 2 a 0, com *gols* de Bayma e Guarany, e na primeira edição do Clássico das Multidões.No mesmo dia, o Bahia levantou seu primeiro troféu, o de campeão do Torneio Início de 1931. Em 22 de_março o Bahia estreou no Campeonato Baiano de Futebol vencendo por 3 a 0, e nesta primeira edição tornou-se campeão baiano invicto. Ainda neste ano, o Bahia fez seu primeiro jogo intermunicipal, vencendo o Vitória de Ilhéus por 5 a 4; seu primeiro jogo interestadual, batendo o Sergipe por 2 a 0; seu primeiro jogo internacional, jogando contra o Sud América, do Uruguai; também o primeiro Clássico do Pote, duelo contra o Botafogo-BA, que terminou em 2 a 2.

Assim, a década de 1930 marcou um início arrasador. Apesar de crises na diretoria em 1932 e 1937, venceu o primeiro Ba-Vi da história no dia 18 de setembro de 1932, empatou o primeiro Clássico das Cores (contra o Galícia), instaurou numa nova sede no bairro de Brotas, teve o seu o meia-esquerda Armandinho convocado para a Seleção Brasileira de Futebol Masculino, venceu cinco edições do Campeonato Baiano de Futebol daquela década e fez a maior goleada de todos os tempos sobre o Vitória, 10 a 1, no dia 8 de dezembro de 1939.

BAHIA HEPTA CAMPEÃO BAIANO - 1973/74/75/76/77/78/79

Em pé: Ronaldo, Luís Antônio, Eliberto, Toninho, Sapatão, Zé Augusto, Baiaco e Batista; Agachados: Ademilton, Washington Luís, Beijoca, Fito, Jésum e Ctistóvão.

Se a década de 1940 começou com o título de 1940 e o trio estrangeiro de ídolos formado pelos argentinos Papetti e Bianchi e o italiano_Avalle, os percalços se sucederam. O Galícia foi tricampeão estadual e a falta de títulos culminou em enorme dívida, ainda não saldada pelas vultuosas injeções de dinheiro do presidente e torcedor fanático Carlos Wildberger. Com as dificuldades financeiras, foi despejado de sua sede na avenida Princesa Isabel e se instalou em nova sede, no bairro do Canela. No ano de 1949, aos 18 anos de existência, o clube se mudou novamente para a Barra. Nesta década destacou-se também a composição do hino do clube por Adroaldo Ribeiro Costa, considerado pelo historiador Cid Teixeia a mais popular da história do estado ao lado do hino do Senhor do Bomfim; divergências com a Federação Bahiana de Desportos Terrestres (FBDT); o uso pela primeira vez da expressão "Esquadrão de Aço", em manchete no jornal A Tarde, pelo jornalista Aristóteles Góes; o goleiro titular por cerca de sete anos Lessa, mencionado em versos de Gilberto Gil na canção *Tradição* como "um goleiro, uma garantia"; o décimo título estadual em 18 torneios disputados até 1949 e o tricampeonato consecutivo no Campeonato Baiano de Futebol também naquele ano.

Taça Libertadores das Américas de 1960

A primeira fase foi disputada entre 19 de abril e 15 de maio. As melhores equipes de cada grupo se classificaram para a fase final. O Olimpia, do Paraguai, classsificou-se diretamente à fase final, pois o seu adversário, o Universitario, do Peru, havia desistido de participar da competição. Em caso de empate, uma partida de desempate seria realizada para determinar a classificação.

Primeira fase

5	**San Lorenzo**	3	2	
3	**Bahia**	0	3	
8	**Peñarol**	7	1	
2	Jorge Wilstermann	1	1	
7	**Millonarios**	6	1	
0	Universidad de Chile	0	0	
W	**Olimpia**			
O	Universitario			

Semi-finais

2	San Lorenzo	1	0	1
3	**Peñarol**	1	0	2
1	**Millonarios**	0	1	
5	**Olimpia**	0	5	

Final

2	**Peñarol**	1	1
1	Olimpia	0	1

NOME: Fluminense de Feira Futebol Clube

FUNDAÇÃO: 1/01/1941 **TEL:** (75) 3486-6761

SEDE:
Rua Germiniano Costa 232, Feira de Santana (BA)

SITE: www.fluminensedefeirafc.com.br

SITUAÇÃO: ATIVO

TOURO

MAISCOTE

História

Foi campeão amador em 1947, 1949, 1950 e 1953, profissionalizando-se em 1954, quando aconteceu o primeiro grande passo na história do clube. Convidado pela Federação Bahiana de Futebol, o Fluminense de Feira se tornou profissional e, em 6 de junho do mesmo ano, empatou com o Vitória no Estádio da Fonte Nova por 1–1 em sua estreia. O gol da equipe foi marcado por Alfredo. Este clube foi o primeiro do interior a disputar o Campeonato Baiano de Futebol e, com apenas dois anos no futebol profissional, em 1956, conquistou seu primeiro vice-campeonato baiano.

No ano de 1963, se tornaria, pela primeira vez, Campeão Baiano de futebol, conquistando o título em cima do Bahia. Essa história seria novamente escrita em 1969, contra o mesmo Bahia. Esse seria o último título do *Touro do Sertão*, e de um time interiorano no torneio. Somente em 2006, o Colo-Colo quebraria o tabu de quase 40 anos sem que um clube do interior do estado vencesse o certame. Em 1998 e 2009, conquistou a Taça Estado da Bahia (atual Copa Governador do Estado da Bahia), que garantia uma vaga na Série D do Campeonato Brasileiro. Ganhou também a Copa SERBA em 2006, disputado apenas entre clubes dos estados da Bahia (exceto a dupla Ba-Vi) e Sergipe.

O *Touro* chegou a ser vice-campeão baiano em seis oportunidades, nos anos de 1956, 1968, 1971, 1990, 1991 e 2002. Em 1991 e 2002, ganhou vaga na Copa do Brasil de Futebol com o vice-campeonato.

Nos tempos atuais, participou em 2010 da Série D nacional, pela segunda vez consecutiva, representando a Bahia.

No dia 28 de novembro de 2015, o *Touro do Sertão* sagrou-se campeão da Copa Governador do Estado, vencendo a Juazeirense pelo placar de 1–0, na Arena Fonte Nova, mesmo resultado do primeiro jogo da finalíssima, quando derrotou a equipe do norte do estado em Riachão do Jacuípe.

Campeonato Brasileiro – Taça Brasil, Séries A, B, C e D e Copa do Brasil

Com o título do Campeonato Baiano de Futebol de 1963, ganhou o direito de disputar Taça Brasil de 1964, sua primeira e única participação no Campeonato Brasileiro da época. O *Touro* foi eliminado pelo Ceará, nas quartas-de-final do torneio.

O *Touro do Sertão* participou em três ocasiões do Campeonato Brasileiro de Futebol da 1ª divisão: 1976, 1977 e 1979.

Na Série B do Campeonato Brasileiro, disputou por 6 vezes, nos anos de: 1972, 1983, 1986, 1988, 1989 e 1991.

Pela Série D do Campeonato Brasileiro, participou em 4 oportunidades (2009, 2010 e 2016). Em 2016 e 2017 foi sua melhor campanha no torneio, chegando às quartas-de-finais, sendo eliminado pelo Volta Redonda, juazeirense.

Participou da Copa do Brasil em duas oportunidades (1991 e 2003), sendo que em 1991, conseguiu avançar até as oitavas-de-final, quando foi eliminado pelo Grêmio após duas derrotadas nas duas partidas contra o time gaúcho.

Vice-campeonato Brasileiro da Série C em 1992

O ano de 1992 ficou marcado na história do *Touro*, que ficou perto de conquistar o primeiro título nacional. Depois de eliminar times como ASA, Sergipe, Catuense, Matsubara e Rio Pardo, o Touro chegou à final contra a Tuna Luso. Venceu o primeiro jogo por 2–0 no Joia da Princesa, e perdeu o segundo por 3–1, em Belém. A Tuna Luso jogava por dois resultados iguais, por ter feito melhor campanha durante o campeonato.

Titulos

Campeonato Baiano: 1963 - 1969 Taça Estado da Bahia: 1998 Copa Governador do Estado: 2009 - 2015Campeonato Baiano Amador:1947- 1949-1950-1953-1957-1968-1988 Campeonato Baiano de Aspirantes:1960-1961

NOME: **Jacobina Esporte Clube**

FUNDAÇÃO: **1/12/1993** TEL:

SEDE: **Jacobina - Bahia**

SITE:

SITUAÇÃO: ATIVO

MAISCOTE

A história do Jacobina Esporte Clube é uma das mais curtas da história do futebol baiano O clube fundado em 1993, filiou-se a Federação Bahiana de Futebol e entrou em campo pela primeira vez em 1993 na disputa da Copa Interclubes competição que dava duas vagas na 1ª Divisão de 1994. Treinado por Sérgio Oliveira o Jacobina estreou com vitória por 2 a 0 contra o Conquista Futebol Clube na sequência nova vitória, novamente por 2 a 0, contra o River Ilheense Esporte Clube em Ilhéus, na terceira rodada a terceira vitória 3 a 1 contra a Associação Atlética Sisal Bonfinense, na quarta rodada derrota em casa para o River Ilheense Esporte Clube por 1 a 0, na quinta rodada o empate como visitante contra a Associação Atlética Sisal Bonfinense em 0 a 0 selou o acesso do Jacobina, na última rodada venceu como visitante o Conquista Futebol Clube por 2 a 1 e garantiu o título.

No segundo ano de sua história o Jacobina Esporte Clube fez uma fraca campanha na 1ª Divisão, apesar da boa estreia (0 a 0 como visitante contra o Esporte Clube Poções) o time somou apenas 14 pontos em 20 jogos com cinco vitórias, quatro empates e 11 derrotas, marcou 15 gols e sofreu 24.

Além disso não enfrentou o Esporte Clube Bahia ou o Esporte Clube Vitória, pois fez parte do Grupo B que tinha apenas times do interior. Foi o lanterna da competição e assim rebaixado para a Campeonato Baiano da Segunda Divisão, após isto abandonou provisoriamente o futebol profissional. Toda a 1ª passagem do clube pelo futebol profissional não chegou a totalizar um ano de duração.

Em 2014 retorna, disputando a Segunda Divisão do Baiano pela segunda vez na sua história. Foi vice-campeão, ficando atrás apenas do Colo Colo de Futebol e Regatas (Campeão Baiano de 2006), conquistando assim uma vaga no Campeonato Baiano de Futebol de 2015. Atualmente é conhecido como o "jegue da chapada".

NOME: Esporte Clube Jacuipense

FUNDAÇÃO: 21/04/1965 | TEL: (71)3367-6757

SEDE: Riachão do Jacuípe, BA

SITE: www.esporteclubejacuipense.com.br

SITUAÇÃO: ATIVO

Leão Grena

MAISCOTE

Sagrou-se campeão do Campeonato Baiano da Segunda Divisão em 1989, até então seu único títulon na edição de 2012 foi novamente promovido à primeira divisão do estadual desta vez com o vice campeonato.

Campeonato Baiano - 2ª Divisão: 1989

Vice-Campeão Baiano- 1ª Divisão: 2022 - 2023

NOME: Sociedade Desportiva Juazeirense

FUNDAÇÃO: 2006 | TEL: (74) 3612-1212

SEDE: Rua 7 de Setembro nº 40 - Centro Juazeiro/Ba

SITE: www.juazeirense.com.br

SITUAÇÃO: ATIVO

Cacão de Fogo

MAISCOTE

História

O clube estreou no futebol disputando o Campeonato Baiano da Segunda Divisão no ano de 2008 em sua primeira partida oficial empatou em 0 a 0 com o Sport Clube Camaçariense, atuando em Juazeiro. Na sequência, obteve classificação para a fase semi-final da competição, mas foi eliminado pelo Guanambi Atlético Clube com a derrota em casa por 1 a 0 e empate como visitante em 0 a 0.

Campeonato Baiano - 2ª Divisão: 2011

Em 2009 conseguiu chegar mais longe, alcançando a final da competição, após 'vingar-se' do Guanambi Atlético Clube ao derrotá-lo com uma vitória em casa por 2 a 0 e nova vitória em Guanambi por 2 a 1, justamente na mesma fase semi-final.em que, no ano anterior, fora eliminado.

Na grande final, porém, foi derrotado pela Associação Desportiva Bahia de Feira, com empate em casa por 1 a 1 e novo empate em Feira de Santana, desta vez em 2 a 2, prevalecendo a melhor campanha do clube feirense, que assim conquistou o título e o acesso.

Em 2010 o elenco da Juazeirense foi fortalecido e o time conquistou pontos suficientes para classificar-se para a semifinal da Segundona. No entanto, devido à escalação de um atleta irregular na vitória por 2 a 1 sobre o Sport Clube Camaçariense a Juazeirense foi punida em seis pontos. Acabou sendo eliminada ao empatar em casa em 0 a 0 contra a Catuense Futebol S/A, em jogo que necessitava vencer.

Finalmente o sonhado acesso à 1ª Divisão veio em 2011, quando o clube passou para a semi-final ao derrotar na última rodada o tradicional Galícia Esporte Clube em casa por 2 a 0. Na fase seguinte passou com facilidade pela Associação Desportiva Jequié, derrotando-a como visitante por 2 a 1 e em casa por 3 a 1. Como o regulamento previa o acesso de dois clubes, a Juazeirense, enfim, obteve antecipadamente o acesso a Primeira Divisão.

Na final da competição conquistou o título com após perder como visitante para o Itabuna Esporte Clube por 2 a 0 e vencer em casa pelo mesmo placar o jogo de volta.

Jogo Inedito Quartas de Final da Série D Campeonato Brasileiro 2017 Garantiu Uma Vaga Pra Série C 2018 Mais No Mesmo Foi Rebaixado D 2018.

O torcedor da Juazeirense está em festa! Neste domingo (13), em Natal, a equipe baiana empatou com o América/RN em 1 a 1 e alcançou o acesso inédito. Após vencer o jogo da ida por 3 a 0, o time de Juazeiro (BA) arrancou o empate fora de casa e se garantiu na semifinal da Série D. Com a classificação, a Juazeirense também carimbou a vaga para a próxima edição da Série C.

Com a boa vantagem conquistada em Juazeiro (BA), a equipe baiana entrou em campo na Arena da Dunas para impedir uma reação do América/RN. Mesmo com o apoio dos 13 mil torcedores que compareçam ao estádio, o Mecão não conseguiu reverter o confronto. Aos 35 minutos do primeiro tempo, Salatiel aproveitou o rebote do goleiro Fred e abriu o placar para os visitantes. Seis minutos depois, o América respondeu com um golaço de Cascata, 1 a 1. Correndo contra o tempo, o time da casa não conseguiu virar partida.

Com o empate, a Juazeirense comemorou a classificação e o acesso inédito. Em 2018, a equipe baiana vai disputar a Série C pela primeira vez.

O time de Juazeiro foi o primeiro clube a se garantir nas semifinais da Série D. Confira os outros duelos das quartas de final.

NOME: Esporte Clube Primeiro Passo Vitória da Conquista

FUNDAÇÃO: 21/01/2005 | TEL: (77) 3426-0992

SEDE: Vitória da Conquista, BA

SITE:

SITUAÇÃO: ATIVO

Bode

MAISCOTE

História

Foi fundado pelo ex-jogador **Ederlane Amorim** com a proposta de resgatar as conquistas do futebol da cidade, então bastante famoso em âmbito estadual, graças a times como o Conquista EC, o Humaitá, o Conquista FC (licenciados) e o Serrano Sport Club crior foças na cidade.

Copa Governador do Estado da Bahia: 2010 - 2011- 2012 - 2014 - 2016Campeonato Baiano - 2ª Divisão: 2006

Foi iniciado, de fato, em 2001, com um trabalho voltado para a inclusão social com objetivo de preparar os futuros atletas para o clube profissional. Essa proposta é consolidada com algumas participações em campeonatos locais e com a expansão do então *Projeto Primeiro Passo* para outras regiões do estado.

Em janeiro de 2005 foi fundado o Esporte Clube Primeiro Passo de Vitória da Conquista, legalmente instituído como equipe profissional. O Primeiro Passo, em seu site, traz uma promessa de "romper com os velhos vícios da cartolagem" e se considera "uma promessa".

A ascensão do ECPP foi meteórica. Seu primeiro título do time profissional foi conquistado na Segunda Divisão do Campeonato Baiano em 2006, quando a equipe terminou invicta após 14 partidas, enfrentando equipes como o tradicional Galícia e o forte Jacuipense.

Nos anos seguintes, fez campanhas razoáveis na primeira divisão estadual e no Campeonato Brasileiro da Série C, onde em 2008 perdeu a vaga por um gol.

Em 2010 venceu a Copa Governador do Estado da Bahia, o que lhe garantiu o direito de disputar o Campeonato Brasileiro da Série D de 2011.

Em 2011, conquistou a Copa Governador do Estado da Bahia pela segunda vez, o que lhe garantiu o direito de disputar o Campeonato Brasileiro da Série D de 2012.

Em 2012, conquistou novamente a Copa Governador do Estado da Bahia pela terceira vez consecutiva, o que lhe garantiu o direito de disputar o Campeonato Brasileiro da Série D de 2013, e a Copa do Brasil do ano seguinte

Em 2013 disputou a Copa do Brasil onde foi eliminado na primeira fase pelo Sport Recife, e teve a melhor campanha da primeira fase do Campeonato Baiano de 2013, garantindo vaga na Copa do Nordeste de 2014.

Em 2014 disputou a Copa do Nordeste, sendo o pior time na competição, em 6 jogos, perdeu 5 e empatou uma. No segundo semestre sagrou-se tetracampeão da Copa Governador do Estado da Bahia, o que lhe garantiu vaga para disputar a Copa do Brasil de 2015.

NOME: Esporte Clube Ypiranga

FUNDAÇÃO: 7/09/1906 | **TEL:**

SEDE: Rua Direta do Ypiranga Vila Canária Salvador - BA

SITE: www.esporteclubeypiranga.com.br

SITUAÇÃO: ATIVO

Canário

MAISCOTE

Primeiro Time do Ypiranga-Ba 1906

Cores são amarelo e preto e seus torcedores são conhecidos como ypiranguenses aurinegros

É o terceiro clube com mais títulos baianos depois do Bahia e do Vitória com 10 conquistas no total e também 3 clube mais tradicional da bahia.

Campeonato Baiano 10 : 1917 - 1918 -1920 - 1921 -1925 - 1928 - 1929 -1932 - 1939 - 1951
Campeonato Baiano - 2ª Divisão: 1983 - 1990

Torneio dos Campeões do Norte-Nordeste: 1951

Torneio Início 8 : 1919 - 1922 - 1929 - 1933 - 1947 -1956 - 1959 – 1963

No início do século XX, jovens excluídos da sociedade por vários motivos, principalmente por fatores étnicos, sociais e econômicos e por conta disso, impedidos de participaram de clubes de futebol no Brasil, objetivaram fundar um clube que unisse o povo pobre da cidade em detrimento dos privilégios das elites, surgiu o Sport Club Sete de Setembro, em 17 de abril de 1904, mas que em 7 de setembro de 1906, surge uma nova equipe, agora chamada de Sport Club Ypiranga (na atualidade Esporte Clube Ypiranga), nome escolhido por causa da conjuntura nacional do momento.A partir daí então o Esporte Clube Ypiranga figurou como destaque no cenário baiano, ganhando 10 títulos estaduais (sete de forma invicta), assim como também 10 vezes ficou como segundo colocado. Já na Segunda Divisão estaudal, o clube detém 2 títulos, um conquistado em 1983 e outro em 1990 (de forma invicta). A categoria Juvenil do Ypiranga também conquistou diversos títulos ao longo dos anos.

O Ypiranga mantém uma clássico de longos anos com o Galícia, esse clássico já foi considerado (ou ainda é) o segundo maior da Bahia depois do Ba-Vi. Ypiranga, Botafogo e Galícia são depois de Bahia e Vitória os maiores detentores de títulos estaduais com 10, 7 e 5 títulos respectivamente.

Apolinário Santana, mais conhecido por Popó, começou a jogar aos 14 anos e atuava em todas as posições. Até no gol. Mas a principal façanha do maior supercraque baiano foi tornar-se o líder do revolucionário time do Ypiranga, o primeiro a vencer o racismo que marcou o início do futebol no país.

Foi homenageado até com nome de rua Popó foi o maior craque do esporte baiano nas décadas de 20 e 30 Foi bicampeão estadual jogando pelo Ypiranga

Grandes Jogadores do Ypiranga
Apolinário Santana Popó, André Catimba, Ferrari, Pequeno, Marisio Paulo, Israel, Antônio Mário, Zizo.

HINO ESPORTE CLUBE YPIRANGA
(Valter Queiróz)

Meu amarelo e preto
meu time do peito
meu velho Ypiranga
o povo foi quem te criou, consagrou

time do nosso amor
a gente enfrenta chuva,
a gente enfrenta o sol
bandeira aurinegra honrando o futebol

é o povo reunido, cantando mais uma vez:
agora um, dois, três
vai pra frente mais um gol
eu só saio daqui com o Ypiranga vencedor
(repete)

No Ypiranga, em 1965
Em pé, da esquerda para a direita: Teixeira, Zeca, Zé Oto, Sílvio Mário, Dário e Vavá. Agachados, da esquerda para a direita: Vandinho, Bassú, Mascote, Vavázinho e Valdir.

SPORT CLUB YPIRANGA—VENCEDOR DO TORNEIO INICIO DE 1919

CAMPEÃO DE 1920—Da esquerda para a direita:—FERNANDO, MAGALHÃES, OSCAR, DOIS-LADOS, PIEDADE, NOVA, PERYCLES, ARNALDO, ALOYSIO, COELHO E GRIGORIO.

SPORT CLUB YPIRANGA—CAMPEÃO DE 1917

SPORT CLUB YPIRANGA—CAMPEÃO DE 1918

FERRARI — Antonio Ferrari Dantas; goleiro. Baiano, de Salvador, nascido a 19-12-926. Solteiro. Antes de ingressar no Ipiranga defendeu o Aguiba (Alagoinhas), o Vitória e o Botafogo. Como profissional de futebol não tem preferencia por nenhum clube.

ISRAEL — Israel Agapito de Souza. Baiano, de Sabara. Iniciou no Meinho da Bahia, em 1943, transferindo-se para o Botafogo e mais tarde para o Ipiranga. Fora do futebol exerce as funções de marcineiro.

VALTER — Valter Bal-das Passos; médio — Bahiano, de Salvador - Casado. Atuou durante várias temporadas no Galícia, tendo-se transferido em 1951 para o Ipiranga.

VALDER — Valder dos Santos; Zagueiro. Baiano, de Ilhéus. Data de nascimento: 15-1-1924 — Casado — Veio de Ilhéus para o Vitória onde atuou durante várias temporadas, transferindo-se posteriormente para o Ipiranga conquistando seu primeiro titulo de campeão.

RAIMUNDINHO — Raimundo Borges da Cruz; ponta esquerda — Baiano, de Ilhéus — 20 anos de idade — Solteiro. Veio de Ilhéus, juntamente com Ranulfo, para o quadro [illegible].

RAIMUNDO - Raimundo Pereira de Araújo; médio Baiano, de Salvador. Sargento da Policia Militar; Casado. Um dos mais antigos jogadores do plantel campeão e o mais perfeito craque baiano em sua posição.

ZIZO — Zizaldo Cosme da Paixão; médio Baiano, de Salvador. 28 anos de idade. Solteiro. Atuou inicialmente no Calouros, depois no S. Cristóvão, donde se transferiu para o auri-negro.

PEQUENO — Idelfonso Rocha Lima; zagueiro, ex-atacante. Casado; baiano, de Castro Alves. Já jogou no Galícia, antes de transferir-se para o Ipiranga, que é o seu clube do coração.

BERNARDO — Bernardo Leal; extrema direita. Baiano, de Irará. 23 anos de idade — Solteiro. Veio do Botafogo de Sto. Amaro em 48, para o auri-negro.

ANTONIO MARIO — Baiano, de Feira de Santana; Solteiro — Atacante. Jogou no Bahia, Flamengo e Floresta, de Feira de Santana, tendo ingressado no Ipiranga em 1948.

CHAVES — Joaquim Xavier da Silva; meia-direita. Baiano, de Ilhéus Casado — Iniciou-se no futebol no Vitoria de Ilhéus. Além do futebol trabalha com fundidor.

MARIO BRANCO — Mario Oliveira Maia; Médio. Jogou uma única partida no quadro titular em substituição a Valter.

MARITO — Mario da Nova Bahia. Extrema esquerdo

IPIRANGA X VITÓRIA — DESTE JOGO SURGIU O CAMPEÃO

NOVINHA — Nivaldo Lopes de Almeida; Centro avante. Baiano, de Salvador.

Campeões de 1951 Torneio Norte-Nordeste e Campeonato Baiano

Reportagem do Jornal Atarde Maior Da Bahia

Ypiranga fecha parceria com empresa de Guilherme Bellintani
Acordo é válido por 10 anos, com possibilidade de renovação por mais 10 anos.

Detentor de 10 títulos do Campeonato Baiano, que o credencia como terceiro maior vencedor estadual, o Esporte Clube Ypiranga está fora do futebol profissional desde 2016, quando foi terceiro colocado na Série B do Campeonato Baiano. Este cenário, no entanto, ganhou uma expectativa de mudança.

Neste sábado, 11, em assembleia geral, a empresa Squadra Sports, comandada pelo ex-presidente do Bahia, Guilherme Bellintani, fechou uma parceria com o Ypiranga para a gestão do departamento de futebol e licenciamento do clube, que receberá investimento em todas as categorias e terá a Vila Canária reestruturada. A parceria é válida por 10 anos, podendo ser renovada por mais 10. A informação foi divulgada em primeira mão pelo Portal A TARDE.

De acordo com o clube, "o Ypiranga passa a fazer parte da plataforma da Squadra, atual proprietária do Londrina SAF, formando uma rede de cooperação técnica visando potencializar o desenvolvimento de atletas e a qualificação de seus elencos para competições profissionais e de base", disse o Ypiranga em comunicado oficial. Vale ressaltar que a parceria entre Squadra Sports e Ypiranga não tem SAF envolvida.

Apesar da parceria firmada, o Ypiranga não conseguiu a inscrição para disputar a Série B do Campeonato nesta temporada, prevista para começar em junho. A ideia, então, é planejar o ano de

2025 para voltar ao futebol profissional com força máxima e brigar pelo acesso à elite do Baianão. O presidente do clube, Cleiber Lopes, celebrou o acordo.

"Fizemos todos os processos normais, assembleia com aprovação dos sócios. Foram mais de dois meses de negociações e chegamos a aprovação. Agora é trabalhar para dar tudo certo. Vamos voltar firme e forte em 2025, para a Série B do Campeonato Baiano", disse ao Portal A TARDE.
Desde o ano em que foi rebaixado para a Série B do Campeonato Baiano, em 1999, o Ypiranga não conseguiu retornar à primeira divisão estadual. Em 2012 bateu na trave, quando fez uma primeira fase excelente, mas acabou caindo na semifinal para o Jacuipense, que conquistou o acesso ao lado do Botafogo-BA. Naquela época, o Aurinegro era presidido por Emerson Ferretti, atual presidente da Associação Civil do Bahia.

Na atual temporada, o Ypiranga disputou o Campeonato Baiano Sub-20, mas somou apenas nove pontos em 12 jogos no Grupo 2 e foi eliminado na primeira fase. Apesar de não conseguir a classificação, a competição marcou o retorno do Aurinegro ao seu estádio, a Vila Canária, localizado no bairro de mesmo nome, na periferia de Salvador.

O Ypiranga passa a ser o segundo clube a integrar a plataforma da Squadra Sports. O primeiro foi o Londrina, do Paraná, que negociou 90% de sua SAF (Sociedade Anônima do Futebol) para a empresa. Além deles, a ideia de Guilherme Bellintani é ter ainda mais um clube no estado de São Paulo.

com grande satisfação que anunciamos a conclusão bem sucedida da aprovação unânime pelo conselho deliberativo do Esporte Clube Ypiranga, no último sábado (11/05/2024), para assinatura do contrato de administração do departamento de futebol profissional e amador, licenciamento e outras avenças por 10 (dez) anos, podendo ser renovado por mais 10 (dez), com o grupo empresarial Squadra Sports, pertencente ao empresário baiano Guilherme Bellintani.

Esta associação marca um momento significativo não apenas para ambas as partes envolvidas, mas também para a comunidade do futebol baiano em geral, em que a Squadra passa a gerir o departamento de futebol do "MAIS QUERIDO". A partir desta aprovação, o Ypiranga passa a fazer parte da plataforma da Squadra, atual proprietária do Londrina SAF, formando uma rede de cooperação técnica visando potencializar o desenvolvimento de atletas e a qualificação de seus elencos para competições profissionais e de base

A Squadra está comprometida em promover o crescimento e o desenvolvimento do Ypiranga tanto dentro quanto fora de campo, construindo sobre as bases sólidas estabelecidas pelo clube ao longo de sua história, impulsionando-o para novos patamares de sucesso e excelência.

Agradecemos a todos os envolvidos neste processo, sobretudo o conselho deliberativo do clube por seu apoio contínuo, e estamos entusiasmados com as oportunidades que o futuro reserva para o "MAIS QUERIDO".

NOME: Galícia Esporte Clube

FUNDAÇÃO: 1/01/1933 | TEL: (71) 3271-7317

SEDE: Avenida Santiago de Compostela
Parque Bela Vista / Salvador-BA

SITE: www.galiciaec.com.br

SITUAÇÃO: ATIVO

Granadeiros
MAISCOTE

Galícia Esporte Clube é um clube esportivo brasileiro, com sede em Salvador, capital do estado da Bahia, fundado a 1° de janeiro de 1933.

Um dos mais tradicionais clubes baianos, historicamente ligado à colônia espanhola de Salvador, foi o primeiro tricampeão baiano de futebol, o que é ainda motivo de orgulho para o clube e os torcedores

Titulos

Campeonato Baiano 5: 1937- 1941 - 1942 -1943 – 1968

Campeonato Baiano - 2ª Divisão: 1958 - 1988 - 2013

Torneio Início 9 : 1935 - 1936 - 1939 - 1945 - 1946 - 1954 - 1957 - 1960

O Galícia Esporte Clube foi fundado em 1° de janeiro de 1933 por imigrantes espanhóis provenientes da Galícia (forma também usada no Brasil para a Galiza), com que leva no seu escudo as cores e símbolos da região. Seu primeiro presidente e um dos fundadores foi Eduardo Castro Iglesias.

O clube foi o primeiro tricampeão do Campeonato Baiano de Futebol e praticamente dominou o panorama futebolístico da Bahia durante seus dez primeiros anos de fundação, tendo sido campeão nos anos de 1937, 1941, 1942 e 1943 e vice-campeão em 1935, 1936, 1938, 1939 e 1940. Depois desse período áureo, voltou a ser campeão baiano somente em 1968, obtendo ainda quatro vice-campeonatos em 1967, 1980, 1982 e 1995.

No futebol masculino, seu melhor desempenho regional foi o vice-campeonato da Zona Nordeste do Torneio Norte-Nordeste de 1969. Nacionalmente, participou do Campeonato Brasileiro da Primeira Divisão em 1981 (25° lugar) e 1983 (43° lugar), além de disputar a Terceira Divisão entre 1995 e 1997.

Rebaixado para a Segunda Divisão do Campeonato Baiano em 1999, e após tentar, sem sucesso, retornar à Primeira Divisão nas duas temporadas seguintes, o clube licenciou-se de competições profissionais em 2002 e passou a disputar o Campeonato Baiano somente nas categorias inferiores.

Em 2006, um grupo de torcedores criou a **Associação Torcedores e Amigos do Galícia (ATAG)**, que desde então trabalha em colaboração com a diretoria do clube com o objetivo de assessorar e dar apoio nas nas áreas patrimonial, administrativa e social.

CAMPEÕES BAIANOS DE 1968

NOME: Catuense Futebol S/A

FUNDAÇÃO: 1/01/1974 **TEL:**

SEDE: Catu- BA

SITE:

SITUAÇÃO: LICENCIADO / SÓ BASE

Bem-te-vi

MAISCOTE

Liderados por **Antonio Pena**, ex-prefeito de Catu, em 1974 um grupo de empresários e funcionários da antiga empresa *Catuense Transportes Rodoviários* decidem fundar um clube de futebol, a Associação Desportiva Catuense, que antes disso já havia sido chamado de Catu Atlético Clube, sem imaginar eles, que esse time conseguiria se formar uma das maiores forças do futebol baiano. Começou disputando torneiros amadores na cidade de Alagoinhas, onde a ideia do time surgiu, e o nome Catuense foi escolhido por Antônio Pena que antes já havia sido conselheiro no Alagoinhas Atlético Clube e no soteropolitano Galícia Esporte Clube, por conta do apreço que ele tem a cidade de Catu que fica a 30 KM de Alagoinhas.

Titulos

Taça Estado da Bahia: 2001 Taça Cidade de Salvador: 1987 Campeonato do Interior: 2004

Em 2001, mudou de nome para **Catuense Futebol S/A**.

Suas cores são o amarelo, vermelho e preto, em homenagem à cidade, Catu.

Sagrou-se campeão no primeiro ano disputando o campeonato de amadores de Alagoinhas, voltando a ser campeão em 1976 e vice em 1975 e 1978. Em 1980 a Catuense foi convidada pela Federação Bahiana de Futebol a disputar o torneio de acesso à divisão especial do futebol profissional, onde acabou se sagrando campeã e ganhando o direito de jogar no Campeonato Baiano de Futebol da primeira divisão de 1981, onde a Catuense teve uma estréia sensacional chegando a *3ª colocação* geral e conquistando o título de campeã do interior, assim conquistando uma das vagas na **Taça de Prata***(Campeonato Nacional Brasileiro da época)* no ano de 1982 onde teve participações das mais dignas. Anos depois, a Catuense foi a final do Campeonato Baiano de Futebol de 1983, mas ficou com o vice-campeonato sendo desbancada pelo Bahia. Depois disso a Catuense voltou a ser vice-campeã em mais 3 oportunidades, em 1986, 1987 e 2003.

Em 2001 conquistou a **Taça Estado da Bahia** e em 2004 conquistou o **Campeonato do Interior da Bahia**, em cima do Atlético de Alagoinhas.

Campeonato Brasileiro Série A 1984 e Copa do Brasil.

O ano de 1984 , a Catuense disputava pela primeira vez o Campeonato Brasileiro de Futebol. A equipe caiu no **Grupo D**, junto à: Santo André, Grêmio, Náutico Capibaribe e Coritiba. Acabou sendo eliminado logo na primeira fase.

Em 2003, disputou a Copa do Brasil de Futebol pela primeira vez. Enfrentou logo na primeira fase o Atlético Mineiro. No primeiro jogo, a Catuense surpreendeu todos goleando por 4 a 2, no Penão, mas acabou sendo eliminado no Mineirão por 5 a 1. Em 2005, cedeu a vaga para o Bahia, que acabou sendo eliminado pelo Grêmio na primeira fase.

Campeonato Brasileiro - Série B e C.

Pelas divisões inferiores, participou em oito ocasiões do Campeonato Brasileiro de Futebol - Série B: 1982, 1985, 1986, 1987 **(Não é oficial)**, 1988, 1989,1990 e 1991. Em 1989 e 1990, ficou perto de subir para *Série A*, ficando na 4° colocação nas duas temporadas.

Pelo Campeonato Brasileiro de Futebol - Série C, disputou por oito vezes o campeonato, nos anos de: 1987,1992, 1994, 1996, 1997, 1998, 2001 e 2003.

NOME: **Botafogo Social Clube**

FUNDAÇÃO: **1/11/1914** TEL:

SEDE: **Senhor do Bonfim - Bahia**

SITE:

SITUAÇÃO: **ATIVO**

Diabo Rubro

MAISCOTE

BOTAFOGO SB

Conheça a evolução do nosso escudo

Botafogo Social Club Foi fundado no dia 1 de novembro de 1914 pelo Sargento Antônio Valverde Veloso, do Corpo de Bombeiros, que buscou inspiração nas cores e no objetivo do seu batalhão para fundar o clube. Suas cores são o vermelho e o branco. Possui sete títulos baianos, sendo então o 4º maior dententor de títulos do estado e foi junto a Esporte Clube Bahia, Esporte Clube Ypiranga e Galícia Esporte Clube um dos clubes dominadores da primeira metade do Século XX.

Botafogo, o Diabo Rubro de 1975
O clube que sempre foi referência de organização também se consolidou como capaz de revelar bons jogadores até os anos 1970.

Em 1922 no primeiro Campeonato Brasileiro de Seleções Estaduais, o Botafogo-BA reforçado apenas de um atleta emprestado por outro clube, representou o estado da Bahia ficando entre os mais bem colocados ao final do torneio. O clube fechou seu departamento de futebol em 1990, mas reabriu em 2011 e passou a disputar a 2ª Divisão do Campeonato Baiano, quando eles foram eliminados na primeira fase da competição. O primeiro jogo após o seu regresso foi disputado em 28 de abril de 2011, e o clube foi derrotado por 3 a 0 pelo Ypiranga. Através de parceria firmada entre o Botafogo Sport Club e o município de Terra Nova, os jogos com mando de campo do Botafogo serão disputados no estádio Luís Eduardo Magalhãesem 2012. O Botafogo chegou a disputar o Campeonato Baiano nas categorias Infantil e Juvenil em 2001 e 2005, mas sem sucesso.

Campeonato Baiano 7 : 1919 - 1922 - 1923 - 1926 - 1930 - 1935 - 1938 Baiano - 2ª Divisão: 2012

Torneio Início 5 : 1924 - 1925 - 1940 - 1948 - 1952 – 1963

NOME: **Colo Colo de Futebol e Regatas**

FUNDAÇÃO: **3/04/1948** TEL:

SEDE: **Ilhéus - BA**

SITE:

SITUAÇÃO: **ATIVO**

Tigre
MAISCOTE

História

Foi criado por um grupo de desportistas liderado por Airton Adami para disputar a semana inglesa, competição que aos sábados lotava o Estádio Mário Pessoa, então um dos maiores do País. A semana inglesa era um torneio promovido pelo sindicato dos comerciantes que se realizava somente nas tardes de sábados com os portões do estádio abertos.

A denominação advém de um clube chileno de mesmo nome. Na década de 50 fazia da sua intimidade com a bola um espetáculo de futebol e por isso inspirou o time de Ilhéus. O seu mascote é o tigre. Já o desenho do uniforme, nas cores azul e amarela, veio de um outro grande time, o Boca Juniors, da Argentina.

O primeiro modelo usado pelo clube foi comprado em Buenos Aires por José Haroldo de Castro Vieira. A primeira diretoria foi composta por: Airton Adami, Silvio Silva, Ivan Lelis da Mata, José Alves Barreto, Cláudio Silveira e Júlio Rodolfo Vieira. Ao longo da sua história, o Colo Colo já teve oportunidades de disputar partidas com grandes nomes do futebol nacional, principalmente com o Flamengo.

O primeiro título veio em 1953 como campeão ilheense. De 1958 a 1961 o Tigre conquistou o tetracampeonato amador ilheense. Em 1967, o Colo Colo participou pela primeira vez do campeonato baiano de futebol profissional, armando um de seus melhores times, com destaque para Miltinho Simões, que chegou a marcar 5 gols em um só jogo. Porém, em 1969, voltou à categoria de amador. Em 1997, foi campeão municipal e, em 1998, disputou a Copa da Bahia. Em 1999, o Tigre sagrou-se campeão da Segunda Divisão, voltando à elite do futebol baiano. Mas, foi em 2006 que conseguiu seu grande trunfo sendo campeão baiano de futebol profissional - um título inédito, quebrando uma hegemonia de quatro anos de domínio da dupla Ba-Vi.

Na Copa do Brasil de 2007, o Tigre defrontou-se com o Atlético Mineiro, em 14 de fevereiro, no Estádio Mário Pessoa, perdendo por 3x1, ficando precocemente eliminado, em jogo com fortes chuvas, resultando num campo em estado precário para a realização do jogo.

No ano de 2014, o Colo Colo finalmente conseguiu o regresso a elite do Campeonato Baiano após empatar em 2x2 com a equipe do Jacobina.

Em 2015, regresso à elite do futebol baiano, fez um bom campeonato estadual chegando na fase final, na disputa pelo 3º lugar. Diante da Juazeirense, o Tigre perdeu e acabou herdando uma vaga na Série D do mesmo ano.

Campeonato Baiano: 2006 Campeonato Baiano - 2ª Divisão: 1999 – 2014-2024

NOME: **Associação Desportiva Leônico**

FUNDAÇÃO: **3/04/1940** TEL:

SEDE: **Salvador - Ba**

SITE:

SITUAÇÃO: **LICENCIADO / SÓ BASE**

moleque travesso
MAISCOTE

Associação Desportiva Leônico é um clube de futebol de Salvador fundado em 3 de abril de 1940 um dos clubes mais tradicionais da Bahia chegando a conquistar o campeonato baiano e1966 primeiro formação do Leônico fundado por trabalhadores da empresa Leone & Co. O Clube grená e branco tornou-se o moleque travesso.

Campeonato Baiano série A: 1966 Torneio Início: 1965 - 1975 – 1978

Em 1978, o Leônico ainda seria vice-campeão baiano, o que acabou levando a equipe à disputa da Taça de Prata; outro vice em 1984 fez com que a equipe disputasse o Brasileirão de 1985. Entretanto, o declínio veio no reduzido Campeonato Baiano de 1990, onde o time acabou rebaixado para a segunda divisão estadual. Mesmo com o acesso conquistado no ano seguinte, em 1992 o Leônico não venceu nenhuma partida e foi novamente rebaixado, e até hoje não retornou à elite do futebol baiano - inclusive passou muitos anos sem disputar a segunda divisão, retornando apenas na controversa campanha de 2007.

Participação em Campeonatos Brasileiros

1985: participou do Brasileiro pela última vez.
1989: jogou a Série B e caiu na primeira fase.
Desde então não joga o Campeonato Nacional.

Hino do clube

Grená e branco são as cores da bandeira
Sua história cheia de glórias tem valor
O seu passado de alegria será lembrado a vida inteira
Seus troféus são frutos de luta, suor e amor

Pra frente leão grená
Com garra vamos vencer
Leônico por toda vida
Leão grená até morrer

Pra frente leão grená
Com garra vamos vencer
Leônico por toda vida
Leão grená até morrer

NOME: PITUAÇU FUTEBOL CLUBE

FUNDAÇÃO: 4/11/2015 | TEL:

SEDE: AV LUIS VIANA - SAO CRISTOVAO
SALVADOR-BAHIA

SITE:

SITUAÇÃO: LICENCIADO / SÓ BASE

Lobo-Guará

MAISCOTE

História

A equipe foi criada pelo ex-jogador Igor Manassés e o deputado Marcos Manassés no final de 2015 através da empresa Onsoccer Brasil com a intenção de ser a terceira força do futebol baiano originalmente as suas cores eram o verde e amarelo, mas depois optaram em trocar pelo preto, branco e amarelo.

O primeiro campeonato que o clube disputou foi a Copa Governador do Estado da Bahia de 2016 que também marcou sua estreia no profissional ficando 3 - colocado no grupo 2 e não passou da primeira fase.

3 Participação do Baiano Série B duas vezes vice campeão 2017 e 2018 quarto colocado em 2019.

G. A. C

NOME: **Grapiúna Atlético Clube**

FUNDAÇÃO: **11/03/1996** TEL:

SEDE: **Itabuna - Ba**

SITE:

SITUAÇÃO: ATIVO

MAISCOTE

Grapiúna Atlético Clube é um clube de futebol da cidade de Itabuna da Bahia Suas cores são amarelo e preto seu principal rival é o Itabuna Esporte Clube em 2021 voltou disputa o baiano série b fez uma grande capanha na 1 fase foi lider mais na segunda fase semifinal perdeu nos penaltis para botafogo por 4 a 2 time de 2021 foto.

Após o rebaixamento do tradicional Itabuna Esporte Clube que participou do Campeonato Baiano de Futebol ininterruptamente de 1967 a 1993, a direção da tradicional equipe grapiúna decidiu suspender suas atividades. Desta forma a cidade de Itabuna ficou sem um clube profissional. Assim foi formado em 11 de março de 1996 o **Itabuna Atlético Clube** logo em sua primeira participação no Campeonato Baiano da Segunda Divisão conquistou o vice-campeonato ao ser derrotado na final pelo Juazeiro Social Clube e assim obteve o acesso a Primeira Divisão em 1997 O jogo de estreia na elite foi positivo, vitória em casa por 1 a 0 sobre o Eunápolis Esporte Clube porém esta foi uma das poucas vitórias da equipe no campeonato, no total foram apenas três em 14 partidas o que culminou com o rebaixamento do clube em 1998 não disputou o Campeonato Baiano da Segunda Divisão, assim como em 1999.

Retornou em 2000 com um novo nome: **Grapiúna Atlético Clube**. Disputou o Torneio Seletivo da Segunda Divisão onde obteve de forma polêmica o segundo lugar e o acesso a Segunda Divisão, Após o encerramento da competição o Grapiúna Atlético Clube havia sido eliminado junto ao Associação Atlética Sisal Bonfinense e a ABB, haviam classificado o Barreiras Esporte Clube e o Salvador Esporte Clube Ltda, porém o Grapiúna entrou com uma reclamação junto ao TJD-BA devido a um equívoco de arbitragem em uma partida na qual havia sido derrotado por 2 a 0 pelo Associação Atlética Sisal Bonfinense, o tribunal lhe deu razão e uma nova partida foi marcada para depois do fim da competição. Sem nenhuma motivação, pois já estava eliminado, o Sisal Bonfinense foi presa fácil e foi derrotado em Senhor do Bonfim por 3 a 0, desta forma o Grapiúna obteve a classificação no lugar do Salvador Esporte Clube. Na Segunda Divisão o Grapiúna foi quarto colocado no primeiro turno em meio a dez participantes, no segundo turno sagrou-se vencedor, porém ironicamente o TJD-BA que havia lhe beneficiado anteriormente lhe foi prejudicial, o Esporte Clube Jacuipense conseguiu obter provar no tribunal irregularidade de atletas de dois times adversários e transformou um empate (0 a 0 com a Associação Atlética Teixeira de Freitas) e uma derrota (1 a 0 para o Esporte Clube Ypiranga) em seis pontos para a equipe de Riachão do Jacuípe, Desta forma venceu o turno e classificou-se para a final enquanto o Grapiúna ficou de fora.

Em 2001 o Grapiúna fez outro grande campeonato sagrando-se vice-campeão ao ser derrotado na final pelo Independente Esporte Clube, por 3 a 0 em Itabuna e empate em 1 a 1 em Feira de Santana O ano de 2002 marcou o retorno definitivo do Itabuna Esporte Clube que obteve o título da Segunda Divisão e o acesso a Primeira Divisão, fato este que enfraqueceu o Grapiúna que mesmo assim em 2003 obteve um razoável terceiro lugar em 2004 sem forças não disputou o campeonato em 2005 inscreveu-se na competição porém a FBF não aceitou a inscrição de nenhum clube e decidiu não organizar a Segunda Divisão Grapiúna na época comandado pelo ex-presidente do Clube de Regatas Flamengo, Edmundo Santos Silva abriu processo contra a FBF no TJD-BA sem obter sucesso. Após anos de inatividade retornou em 2008 quando não conseguiu completar a competição abandonando-a a faltar duas rodadas para eu término, Tentou realizar inscrição em 2009 sem sucesso já em 2021 disputou a série b 2021 foi iliminado na semifinal pelo botafogo.

NOME: Barcelona De Ilheus Futebol E Entretenimento S/a

FUNDAÇÃO: 17/9/2019 | TEL: (73) 98244-6162

SEDE: Av. Osvaldo Cruz, 74, Cidade Nova Ilhéus-BA

SITE: www.barcelonafc.com.br

SITUAÇÃO: ATIVO

Onça
MAISCOTE

Barcelona de Ilheus Futebol e Entrenimento S/A é o primeiro clube empresa do Sul da Bahia fundado em 17 de setembro de 2019 na cidade de Ilhéus com filiação à Federação Bahiana de Futebol e à Confederação Brasileira de Futebol, Disputou o primeiro campeonato profissional baiano de 2020 série B como favorito ao titulo mais no final do campeonato ficou em 5 colocado e penúltimo, Em 2021 Campeão baiano série b com placar de Barcelona 3 x 0 Botafogo e garantido na elite do baiano de 2022.

Campeonato Baiano - 2ª Divisão: 2021

PORTELA

NOME: Associação Atlética Portela Teixeira de Freitas

FUNDAÇÃO: 4/01/1995 | TEL:

SEDE: Teixeira de Freitas - BA

SITE:

SITUAÇÃO: ATIVO

Águia
MAISCOTE

Associação Atlética Portela Teixeira de Freitas (AAPTF), nome de fundação, disputou o Campeonato Baiano Série B entre os anos de 1997 e 2001, na época o estádio se chamava Robertão.[1] Após esse período, licenciou-se das competições profissionais, mantendo-se filiada à Federação Bahiana de Futebol (FBF). Retornou ao futebol profissional no ano de 2016, agora sob o nome de "Associação Atlética Portela Teixeira de Freitas". O estádio onde a equipe manda os jogos foi totalmente reconstruído, se tornando mais moderno e com maior capacidade. Após a reforma o estádio passou a se chamar Tomatão.

NOME: Clube Esportivo Flamengo

FUNDAÇÃO: 15/09/2009 | TEL:

SEDE: Guanambi - Ba

SITE:

SITUAÇÃO:

Beija-Flor

MAISCOTE

Fundado em 08 de fevereiro de 1983. O clube disputou o Campeonato Baiano da 2ª Divisão do ano de 2004 até 2011. Por duas vezes chegou a final, sendo que as duas tornou-se vice-campeão, uma em 2004, após perder o título para o Ipitanga e a outra em 2008, quando perdeu para o Madre de Deus. No antigo formato do Campeonato Baiano da 2ª Divisão apenas o campeão assegurava vaga para a elite do futebol baiano. O clube iria disputar o Campeonato Baiano da 2° Divisão de 2012, porém foi excluído antes de começar a competição por não inscrever os atletas para a primeira rodada do torneio.

Campeonato Baiano - 2ª Divisão: 2015

NOME: Juazeiro Social Clube

FUNDAÇÃO: 16/08/1995 | TEL:

SEDE: Juazeiro - Ba

SITE:

SITUAÇÃO: Ativo

Carranca

MAISCOTE

O Juazeiro Social Clube surgiu da fusão entre oito times amadores que disputavam a Liga de Futebol local (América, Barro Vermelho, Carranca, Colonial, Grêmio, Olaria, XV de Novembro e Veneza). Em 1996, conquistou seu primeiro título, o da Segunda Divisão baiana. Na estreia na elite do futebol baiano, terminou em um satisfatório terceiro lugar.

Em 2000, disputou o Módulo Verde da Copa João Havelange, terminando na vice-liderança do Grupo B (atrás do Corinthians Alagoano). Na segunda fase, terminou como líder do Grupo 1, superando a Tuna Luso. O Juazeiro flertou com o acesso à Série B até a última rodada, disputando a vaga na final com o Uberlândia, sendo que os dois clubes terminariam empatados em vitórias, empates, derrotas e pontos ganhos. Mas a equipe mineira levou vantagem no saldo de gols (10 marcados e seis sofridos, saldo de 4), enquanto os baianos marcariam seis gols, levando quatro (saldo de 2). Durante a campanha, o Tricolor do Norte revelou o goleiro Tiago Cardoso, atualmente no Santa Cruz.

Em 2001, após uma gradativa evolução, o Juazeiro, sob o comando do técnico Élcio "Sapatão" Nogueira, conquista o vice-campeonato baiano de futebol daquele ano, tendo sido derrotado na final pelo Bahia.

Entre 2003 a 2007, o clube atravessou um período de grande irregularidade, principalmente por causa de graves dificuldades financeiras que prejudicaram o projeto do time de ser a terceira força do futebol baiano

Campeonato Baiano - 2ª Divisão: 1996 – 2010
Torneio do Interior: 2003

CAMAÇARI F. CLUBE

NOME: **Camaçari Futebol Clube**

FUNDAÇÃO: **8/11/1968** TEL:

SEDE: **Camaçari - Ba**

SITE:

SITUAÇÃO: ATIVO

Peixe Guarajuba

MAISCOTE

Camaçari foi fundado no dia 8 de novembro de 1968 como **Fluminense Futebol Clube**, em homenagem ao clube homônimo do Rio e somente em 1989 foi profissionalizado, com o nome Fluminense Futebol Clube de Camaçari. Na época, o presidente do clube era Higino Santana Soares.

Ainda como Fluminense, o clube obteve o vice-campeonato da 2ª divisão de Profissionais do futebol baiano em 1989, perdendo o título em dois empates com o Jacuipense (2x2 em Camaçari e 0x0 em Conceição do Coité. O Fluminense era treinado por Chico Mutriz.

No início da década de 1990, o clube mudou o nome para *Camaçari Futebol Clube*, conquistando a Segunda Divisão estadual em 1991 e subindo para a divisão principal e sua melhor colocação no Campeonato Baiano, foi em 1998, ao terminar em terceiro lugar, atrás apenas do Bahia e do Vitória.

Em 1999, o clube disputou três competições: o Campeonato Baiano, a Copa do Brasil e a Taça Estado da Bahia. No Campeonato Baiano, ficou em 4º lugar, na Copa do Brasil, eliminou o Paraná Clube na primeira fase e, na segunda fase, perdeu para o Internacional de Porto Alegre. Na Taça Estado da Bahia, foi campeão invicto, disputando 14 jogos, nos quais ganhou 13 e empatou apenas um.

Em 2000, o Camaçari ficou em quarto lugar no Campeonato Baiano. e no ano seguinte, novamente terminou na quarta colocação no certame estadual, tendo o artilheiro do campeonato: Marcos Chaves, o qual marcou 17 gols. Em 2005, foi vice-campeão da chave do interior do Campeonato Baiano e em 2010, o ficou em terceiro lugar no Campeonato Baiano, após eliminação nas semifinais da competição para o Vitória. O clube foi eliminado na primeira fase do Campeonato Brasileiro da Série-D.

Campeonato Baiano - 2ª Divisão: 1991 - 1997 Taça Estado da Bahia: 1999

NOME: Itabuna Esporte Clube

FUNDAÇÃO: 23/05/1967 **TEL:**

SEDE: Itabuna - Ba

SITE:

SITUAÇÃO: ATIVO

Dragão

MAISCOTE

Itabuna foi fundado no dia 23 de maio de 1967 oriundo do "Itabuna Futebol Clube" fundado em 3 de maio de 1929, da categoria amadora sendo os seus estatutos modificados para atender a categoria profissional onde o Itabuna Esporte Clube ingressaria sendo as suas cores amarelo e preto modificadas para o azul e branco em homenagem à seleção amadora de Itabuna, octacampeã baiana da categoria.

O seu quadro de atletas profissionais foi formado pelos integrantes da seleção Octa Campeã para iniciar a sua participação no campeonato baiano de profissionais, no mesmo ano de 1967.

Foram seus diversos presidentes: Zelito Brandão Fontes, Francisco Rebouças, Gabriel Nunes, Roberto Brito (Bob), Clodoaldo Reis, Paulo Fernando Nunes da Cruz, João Xavier de Oliveira Filho, Sandoval Benevides, Hemetério Moreira, Charles Henri, José Rodrigues de Lima e Ricardo Dantas Xavier.

No ano de 1970, sob a presidência de Gabriel Nunes o Itabuna foi vice-campeão baiano numa brilhante campanha Poderia ter sido campeão não fosse a parcialidade do Sr.Cícero Bahia Dantas então interventor da Federação Baiana, que após o Itabuna haver empatado com o Bahia na Capital resolveu suspender o campeonato sob a infantil alegação de que o Bahia ia disputar a Copa Brasil Nesse ínterim enquanto o Bahia enfrentava as melhores equipes nacionais o Itabuna para não ficar parado enfrentava equipes interiores sem expressão.

Na disputa final o Itabuna foi derrotado e o Bahia sagrou-se campeão baiano uma particularidade que não passou despercebida o Sr Cícero Bahia Dantas foi quase que eternamente Chefe do Departamento Jurídico do Bahia.

Itabuna Bi Campeão Baiano - 2ª Divisão: 2002 e 2022

Fase final baiano série b 2022

Semifinais 16 e 24 de julho			
Jequié	1	0	1
Itabuna	1	1	**2**
Jacobinense	1	1	**2(7)**
Juazeiro	2	0	2(6)

Finais 31 de julho e 13 de agosto			
Itabuna	2	2	**4**
Jacobinense	1	2	3

NOME: **Associação Desportiva Lusaca**

FUNDAÇÃO: **3/11/2007** TEL:

SEDE: **Dias d'Ávila - BA**

SITE:

SITUAÇÃO: Ativo

MAISCOTE

Campeão Baiano Feminino 1 : 2017

Time de futebol profissional Masculino e Feminino da cidade de Dias Dávila Bahia clube foi fundado por Ruan Conceição Matos em 3 de novembro de 2007 e suas cores são o vermelho, o verde e o amarelo Lusaca participa do Campeonatos Baiano feminino desde 2008 chegando às finais em 2011, 2015 e 2017 neste ano ela teve o melhor desempenho da história quando se sagrou campeão nas finais contra Jequié titulo baiano veio de forma invicta após oito vitórias e apenas um empate com a conquista o time participou da seletiva para a série b brasileiro feminino o 2018

O clube disputou Copa do Brasil Feminino 2018 em substituição ao maior campeão baiano São Francisco Esporte Clube que desistiu de participar da competição.

Em 2018 o clube formou uma parceria com o E.C Bahia para disputar Baiano Feminino 2019 bem como a Copa do Nordeste de Futebol Feminino pelas categorias Sub-17 e Sub-20, Em 2022 Lusaca que disputar o baiano masculino profissional.

NOME: Atlântico Esporte Clube

FUNDAÇÃO: 15/03/2000 **TEL:**

SEDE: Municipal de Lauro de Freitas
CT do Caju

SITE: www.atlanticoec.com.br

SITUAÇÃO: LICENCIADO / SÓ BASE

Tubarão

MAISCOTE

História

Sítio do Caju é o Centro de Treinamento do Atlântico, localiza-se no município de Salvador e possui capacidade para 600 espectadores. O local é de propriedade do presidente do clube, José Carlos. O clube disputa anualmente todas as competições nas divisões de base, estreou no profissionalismo na Taça Estado da Bahia de 2002 onde esteve próximo de conquistar uma vaga na 1ª Divisão do Campeonato Baiano de 2003, em 2012 retornou para a disputa do Torneio Seletivo da 2ª Divisão do Campeonato Baiano e em 2016 disputou a Série B do Campeonato Baiano, onde conseguiu o título e a vaga para a disputa da série A do Campeonato Baiano de 2017.

O Atlântico Esporte Clube foi idealizado por um grupo de amigos, amantes do Futebol que, após incentivarem e promoverem o futebol de bairro de Salvador e Lauro de Freitas por três anos, resolveram fundar o Atlântico.

Campeonato Baiano - 2ª Divisão: 2016

NOME: Redenção Futebol Clube

FUNDAÇÃO: 2/12/1945 | TEL:

SEDE: Cruz da Redenção Brotas-Salvador/Ba

SITE:

SITUAÇÃO: LICENCIADO / SÓ BASE

MAISCOTE

Fundado em 02 de Dezembro de 1945 , atuou por muito tempo no amadorismo . Só nos anos 60 , passaria ao futebol profissional , começando na segunda divisão e conquistando os títulos de 1965 , 1968 e 1975 . Disputou a primeira divisão do campeonato baiano de 1976 a 1985 . Em 2011 voltou a disputar campeonatos nas categorias de base da FBF . Em 2013 , inaugurou novo CT no CEEP irmã Dulce na BR 324 .

Campeonato Baiano - 2ª Divisão: 1965 - 1968 – 1975

NOME: **Associação Desportiva Jequié**

FUNDAÇÃO: **20/11/1969** TEL: **(73) 99116-3856**

SEDE: **Jequié - Bahia**

SITE: **www.adjequie.com.br**

SITUAÇÃO: **ATIVO**

Sol
MAISCOTE

Em 1969 a seleção municipal de Jequié foi campeã do Campeonato Intermunicipal e foi convidada pela Liga Bahiana de Desportos Terrestres (LBDT) a disputar o Campeonato Baiano de Futebol, para isso deveria filiar um clube para entrar no estadual do ano seguinte. Assim em 20 de novembro de 1969 foi fundada a Associação Desportiva Jequié.

Associação Desportiva Jequié profissionalizou vários atletas da seleção campeã e obteve um ótimo quinto lugar em seu ano de estreia entre 16 participantes. No ano seguinte um resultado ainda melhor, o quarto lugar. A partir de 1972 começou a realizar campanhas apenas medianas: nono lugar naquele ano, décimo em 1972, oitavo em 1973, sétimo em 1974 e o décimo e último lugar em 1975, porém naquele ano não existiu rebaixamento e o Jequié manteve-se na elite. Em 1976 recuperou-se e foi quarto colocado, nos anos seguinte novamente resultados ruins: nono lugar em 1977, sétimo lugar em 1978, 11.º e último lugar em 1979 até culminar com seu rebaixamento com a 12.ª e última colocação em 1980, quando voltou a ser disputada a Segunda Divisão do Campeonato Baiano. O clube passou por um longo período de inatividade, também justificada com a concorrência de outro clube na cidade, a Associação Desportiva Atlanta que conseguiu chegar a elite em 1988 quando disputou pela única vez o Campeonato Baiano de Futebol. O ano de 1990 marcou o retorno da Associação Desportiva Jequié, o clube participou da Segunda Divisão sem muito sucesso assim como em 1991, porém em 1992 o clube conquistou o título da competição ao vencer na última rodada do Quadrangular Final o time do Clube Atlético Real Serrinhense por 2 a 1, gols marcados por Mococa e Nengo.

De volta a elite, em 1993 fez uma campanha ruim terminando em oitavo lugar entre dez clubes escapando por pouco do rebaixamento. O ano de 1994 foi o grande ano do Jequié, o time foi terceiro colocado no estadual atrás apenas da dupla Esporte Clube Bahia e Esporte Clube Vitória. Em 1995 conquistou a sexta colocação, lugar que repetiu em 1996. O ano de 1997 marcou a última aparição do clube na Primeira Divisão, o clube foi rebaixado em último lugar com apenas uma vitória em 14 jogos.

Em 1998 o Jequié decidiu paralisar suas atividades retornando apenas em 1999 com a penúltima colocação na Segunda Divisão. Em 2000 foi apenas o oitavo colocado escapando do rebaixamento por um ponto. Em 2001 outra campanha fraca até a paralisação de suas atividades que teve fim em 2003 quando foi lanterna da competição. Afundada em dívidas e com o retorno da Associação Desportiva Atlanta que disputou a Segunda Divisão em 2008 e em 2010 a Associação Desportiva Jequié paralisou suas atividades novamente conseguindo retornar apenas em 2011. As dívidas foram tantas que um novo clube com as mesmas cores, mascote e sigla foi criado para ser o substituto do Jequié, era a **Associação Desportiva Jequieense** que chegou a disputar, sem sucesso, a Copa da Bahia em 2008 obtendo a terceira posição no campeonato. Mais tarde foi tentada uma fusão entre o clube recém criado e outro clube que tentava ser o substituto do Jequié, o **Jequié Sport Clube**, para a criação da **Associação Cultural e Esportiva Jequieense**, fato que não foi concretizado. Por fim uma nova direção conseguiu resgatar as dívidas do clube e inscreveu o clube na Segunda Divisão de 2011 quando foi semifinalista, perdendo o acesso para a Sociedade Desportiva Juazeirense. Em 2012 novo insucesso, desta vez nem conseguiu passar de fase.

Campeonato Baiano - 2ª Divisão: 1992 – 2017- 2023

NOME: **Serrano Sport Club**

FUNDAÇÃO: **22/12/1979** | TEL:

SEDE: **Vitória da Conquista - Bahia**

SITE:

SITUAÇÃO: LICENCIADO

Índio Mongoió

MAISCOTE

Serrano Sport Club é um clube brasileiro de futebol, fundado na cidade de Vitória da Conquista, e atuando desde 2015 na cidade de Porto Seguro, no estado da Bahia. O clube também atuou entre o segundo semestre de 2013 e a temporada de 2014 na cidade de Teixeira de Freitas. Suas cores são verde, vermelho e branco, fundado em 22 de dezembro de 1979.

Em 1981 fez sua estreia na primeira divisão do campeonato baiano. O time revelou grandes craques para o futebol baiano e brasileiro, a exemplo de Claudir (campeão brasileiro de 1988 pelo Bahia), Zó e Keu, gêmeos que jogavam no meio de campo e no ataque (Keu chegou a jogar no Corinthians) e Pena (que jogou no Palmeiras e no Benfica de Portugal).

Atualmente, o rubro-verde é administrado por um grupo de empresários que têm direito, cada um, a um voto nas decisões a serem tomadas.

No mês de setembro de 2013 a equipe transferiu suas atividades para a cidade de Teixeira de Freitas, no extremo sul do estado, onde mandou seus jogos até o final da temporada de 2014, inclusive do Campeonato Baiano da Primeira Divisão de 2014.

NOME: Conquista Futebol Clube

FUNDAÇÃO: 7/01/1978 | TEL:

SEDE: Vitória da Conquista - Bahia

SITE:

SITUAÇÃO: LICENCIADO

MAISCOTE

Conquista Futebol Clube é um clube brasileiro de futebol, da cidade de Vitória da Conquista, no estado da Bahia. Suas cores são azul e branco.

Campeonato Baiano - 2ª Divisão: 1994

NOME: **Esporte Clube Poções**

FUNDAÇÃO: **8/01/1985** TEL:

SEDE: **Poções - BA**

SITE:

SITUAÇÃO: LICENCIADO

Raposa

MAISCOTE

Esporte Clube Poções é um time de futebol da cidade de Poções, no estado da Bahia. Foi fundado em 8 de janeiro de 1985. Seu uniforme é camisa azul com detalhes brancos e vermelhos, calção branco e meias brancas. Seu estádio, Heraldo Curvelo, o "Heraldão", tem capacidade para 8 mil pessoas.

O Esporte Clube Poções está situado a 440Km de Salvador, e é famoso por revelar bons jogadores como: Messias , Tupã, Kena, Junior Baiano e Liedson.

Campeonato Baiano - 2ª Divisão: 1993

- 1993: **Campeão** do Campeonato Baiano - 2ª Divisão.
- 1996: **Vice-Campeão Baiano**. O Poções é derrotado pelo Vitória no estádio do Barradão por 2-0.
- 1997: Semifinalista do Campeonato Baiano de Futebol do 1° e 2° Turno. O Vitória de Bebeto, Bebeto Campos, Preto, Agnaldo, Uéslei e Russo , elimina o Poções nos dois turnos.
- 1999: **Vice-Campeão Baiano.** Devido há divisão do título entre Bahia e Vitória. Garante vaga na Copa do Brasil de Futebol pela **1°** vez na sua história.
- 2000: Primeira equipe do interior da Bahia que disputa uma semifinal de Copa do Nordeste de Futebol. Eliminado pelo Sport.
- 2000: Disputa pela primeira vez uma Copa do Brasil de Futebol. Eliminado pelo Coritiba logo no primeiro jogo, por 5-1 no Heraldo Curvelo.

- 2001: Vice-campeão do 1° Turno do Campeonato Baiano de Futebol. Bahia e Vitória não disputaram o 1° turno, devido aos jogos da Copa do Nordeste de Futebol
- 2004: Semifinalista do Campeonato Baiano de Futebol, eliminado pelo Bahia.
- 2007: **4°** colocado no Quadrangular final do Campeonato Baiano de Futebol. O Poções não pontuou, perdeu todas as seis partidas.
- 2007: Eliminado na 1° fase. Campeonato Brasileiro da Terceira Divisão.

NOME: **Associação Bancários da Bahia**

FUNDAÇÃO: **6/09/1976** TEL:

SEDE: **Salvador - Ba**

SITE:

SITUAÇÃO: **LICENCIADO / SÓ BASE**

MAISCOTE

Disputou a 1a. divisão do futebol baiano, ano em que caiu para a 2- divisão estadual.

De lá prá cá, nunca parou suas atividades tendo disputado as competições nas categorias de base promovidas pela Federação Bahiana de Futebol. Sagrou-se campeã do Campeonato Baiano de Futebol, categoria juniores da 2a. divisão nos anos de 1993 - 1994 e 2007

Atualmente, prepara-se para a disputa campeonato baiano da 1- divisão, categorias infantil e juvenil.

A ABB desenvolve as suas atividades no Sesi—Simões Filho, onde mantém, em parceria com o Sesi, uma escolinha de futebol, além das atividades de suas categorias infantil, juvenil e júnior.

Alguns atletas formados em suas divisões de base, encontram-se sob parceria em algumas equipes do futebol brasileiro, tais como o zagueiro John, nascido em 1990 e repassado para o Vitória; o meia-atacante Sebá, nascido em 1992, atualmente encontra-se no Olympiacos; o goleiro Israel e o zagueiro Júlio Cesar, ambos nascidos em 1988, encontram-se na Seleção de Itamaraju; o zagueiro Alan Dias, nascido em 1991, e o meia-atacante Leandro, nascido em 1992; além de vários outros atletas que foram encaminhados para outros clubes, a exemplo do também zagueiro Anderson Sales, nascido em 1990, que também defendeu as categorias de base do Vitória.

MADRE DE DEUS SPORT CLUBE

NOME: **Madre de Deus Sport Clube**

FUNDAÇÃO: **22/01/2002** | TEL:

SEDE: **Madre de Deus - Bahia**

SITE:

SITUAÇÃO: LICENCIADO

MAISCOTE

Suas cores são azul, amarelo e branco. Foi fundado em 22 de janeiro de 2002 e, em 2008, conquistou o Campeonato Baiano da Segunda Divisão, assim subindo para a elite do futebol baiano.

Madre de Deus Sport Clube surgiu para o cenário do futebol em maio de 2008, quando se profissionalizou e adquiriu condições de disputar uma competição oficial, pois, antes disputava somente torneios amadores.

O time da cidade de Madre de Deus, localizada a 69 quilômetros de Salvador, conquistou neste domingo (26) a classificação para a Série A do Campeonato Baiano de 2009. O clube venceu o time de Guanambi, a 693 quilômetros da capital, A equipe precisava apenas de um empate, mas venceu a partida por 2 a 0, em jogo disputado em Madre de Deus. Os gols foram marcados por Guga e Mantena.

Campeonato Baiano - 2ª Divisão: 2008

Em tempo recorde, a diretoria do Madre de Deus conseguiu inscrever a equipe no Campeonato Baiano da Segunda Divisão, atendendo a todas as determinações impostas pela CBF. Montou uma equipe em menos de um mês e iniciou o trabalho. A equipe foi comandada por Paulo Salles, que foi ídolo do Bahia na década de 1980. Tinha no elenco jogadores como Tigre, Flávio, Mantena, Jamaica e Belo.

Na Segunda Divisão, conseguiu ser campeão invicto, justamente no seu primeiro ano de competição. Disputou dez partidas, venceu seis e empatou quatro, teve o melhor ataque da competição, com 22 gols marcados.

Em 2009 e 2010 já na elite do Campeonato Baiano de Futebol montou times com jogadores bastantes conhecidos do futebol brasileiro, principalmente jogadores vindos de Esporte Clube Bahia e Esporte Clube Vitória. Entre eles, passaram pelo Madre: Fausto, Jair, Elóy, Fábio Costa, Mantena, Reinaldo Aleluia, Pena e o experiente goleiro Jean, além deles a equipe também contava com jogadores de boa passagem por outros clubes como Fransuele, Jhulliam e Neno. Mesmo com o time cheio de medalhões, lutou para não cair em 2009, ficando em 10º Lugar. Já em 2010 mesmo tendo ficado nove partidas invicto, não conseguiu escapar e foi rebaixado para Segunda Divisão. No ano seguinte foi desativado.

NOME: Associação Atlética da Bahia

FUNDAÇÃO: 4/10/1914 **TEL:** (71) 3264-5011

SEDE: Rua César Zama, 316, Barra, Salvador - BA

SITE: www.aatleticadabahia.com.br

SITUAÇÃO: LICENCIADO DO FUTEBOL

MAISCOTE

Campeonato Baiano: 1924 Torneio Início da Bahia : 1928

Abençoada por São Francisco de Assis, a Azulina é tradicionalmente conhecida pelo sucesso nos campos de futebol e outras modalidades esportivas, marcada pela sua transformação em um espaço dotado de infraestrutura para atividades múltiplas e capacidade de ação local que possibilitou uma Associação Atlética como organização de referência na Bahia.
Tornou-se símbolo na sociedade baiana, líder em eventos sociais e esportivos, écran onde se projetou o brilho do trabalho de muitos, e onde também irrompeu uma crise que levou a **AAB** às portas da falência, evitada por abnegados valorosos sempre presentes em sua História.

Atravessando gerações, hoje a Azulina se mantém magnífica em sua nova sede, herança para um novo tempo

NOME: Sport Clube Camaçariense

FUNDAÇÃO: 3/11/2002 | TEL:

SEDE: Camaçari - Bahia

SITE:

SITUAÇÃO: ATIVO

Dragão
MAISCOTE

ATUAL

ANTIGO

Sport Clube Camaçariense com sede em Camaçari suas cores são vermelho e o branco.

Título baiano da série B em 2003 principal conquista da equipe no Campeonato Baiano de 2006 a equipe acabou rebaixada para a 2ª Divisão após disputa de Torneio da Morte contra Catuense.

Campeonato Baiano - 2ª Divisão: 2003

NOME: Cruzeiro Futebol Clube

FUNDAÇÃO: 26/09/1967 | TEL:

SEDE: Cruz das Almas -Bahia

SITE:

SITUAÇÃO: LICENCIADO

Azulão

MAISCOTE

Cruzeiro Futebol Clube é um clube brasileiro de futebol, da cidade de Cruz das Almas, no estado da Bahia, fundado em 26 de Setembro de 1967. Suas cores são azul, amarelo e branco.

Campeonato Baiano - 2ª Divisão: 1998

NOME: **Feirense Futebol Clube**

FUNDAÇÃO: **30/05/2007** TEL:

SEDE: **Feira de Santana - Bahia**

SITE:

SITUAÇÃO: LICENCIADO

MAISCOTE

Feirense Futebol Clube é uma agremiação esportiva brasileira com sede em Feira de Santana, no estado da Bahia, Região Nordeste do Brasil. Em 2012

2008-2014

2008-2013
Institucional

Associação Atlética Independente
1997-2001

Palmeiras Nordeste Futebol
2002-2005

Independente Esporte Clube
2007

O clube entrou no profissionalismo em 2007 com o nome de Independente Esporte Clube, este clube era a re-fundação da antiga Associação Atlética Independente que foi vendida ao Palmeiras e trocou de nome para Palmeiras Nordeste Futebol Ltda. no início de 2002. Com o fim da filial palmeirense, o empresário Dilson Carneiro Pedreira decidiu voltar ao futebol e reviver o antigo Independente. Desta forma, filiou na Federação Baiana de Futebol o Independente Esporte Clube para disputar em 2007 a 2ª divisão do Campeonato Baiano, no qual conquistou após dois empates na final contra o Galícia passando para a 1ª divisão em 2008, quando mudou de nome em definitivo para Feirense Futebol Clube. No ano de 2012, a equipe passa a mandar seus jogos na cidade de Senhor do Bonfim, onde recebeu muito apoio da população e mandou seus jogos no Estádio Pedro Amorim. No Campeonato Baiano do mesmo ano o time terminou em terceiro lugar, garantindo uma inédita vaga na Copa do Nordeste de 2013.

NOME: Yankee Foot-Ball Club	
FUNDAÇÃO: 3/10/1914	TEL:
SEDE: Salvador - Bahia	
SITE:	
SITUAÇÃO: EXTINTO	

MAISCOTE

Campeonato Baiano - 2ª Divisão: 1923

O clube da elite soteropolitana foi fundado no sábado do dia 03 de Outubro de 1914 pelos irmãos Aroldo Maia Bittencourt (na época com apenas 16 anos) e Alexandre Maia Bittencourt Filho.

Eram filhos de Alexandre Maia Bittencourt, um importante engenheiro e fundador de uma importante escola de engenharia da cidade, Escola Politécnica, em 1897, além de serem sobrinhos de Augusto Maia Bittencourt, benemérito do clube, que fora um dos fundadores do Vitória e seu presidente em 1908.

UM ESTATUTO ELITISTA

O Yankee era elitista e não aceitava que os pobres pudesse se filiar ao clube. No seu Estatuto alguns itens, como no Capítulo III (Admissão, Eliminação, Readmissão e Punição dos sócios) Art. 15 - Não poderão ser admitidos como sócio deste club:

a) aqueles que exerçam profissões humilhantes que lhes permitam recebimento de gorjetas;

b) os que tirem proveito da pratica de sport direta ou indiretamente;

c) os guardas civis e praças de pret. (sic) excetuando-se, porém, aqueles que forem obrigados ao serviço militar em virtude de sorteio e os alunos das escolas militares;

d) os que se entreguem a exploração de jogos proibidos; os analfabetos e os que embora tendo posição, profissão ou emprego estejam a juízo da Diretoria abaixo do nível moral exigido pelo amadorismo;

e) os pronunciados enquanto durarem os efeitos da pronuncia e todos aqueles que forem condenados por crimes capitulados no Código Penal ou provadamente culpados de atos desonrosos.

CLUBE FUNDA A ASSOCIAÇÃO BAIANA DE ATLETISMO

O Yankee Foot-ball Club era considerado pela imprensa como um dos primeiros clubes da cidade que mais contribuía para uma regeneração física. Isso porque era um dos poucos a praticar exercícios atléticos, os mais adequados para o aperfeiçoamento corporal.

E este era uma dos seus diferenciais. A prática dos exercícios atléticos difundida pelo clube atraía adeptos que realizavam entre si diversos torneios internos. O mais famoso destes foi a "Corrida de Maratona", organizada em 9 de outubro de 1921, na qual vários atletas de outros clubes participaram. Aliás, foi o Yankee que fundaria, em 1932, a Associação Baiana de Atletismo.

CAMPO DE TREINO EM PARCEIRIA COM O YPIRANGA

A existência destes torneiros no Yankee era muito facilitada pelo fato do clube possuir, em aluguel conjunto com o Ypiranga, um campo de esportes localizado, à Rua do Prado, no Rio Vermelho. Corroborando para o avanço do atletismo, o Yankee foi o primeiro a construir na Bahia uma pista de atletismo para os seus sócios.

CLUBE REALIZOU O 1º CONTRATO PROFISSIONAL

Seus dirigentes foram os responsáveis pelo 1º contrato profissional na época, quando trouxeram o treinador uruguaio Humberto Cabelli. No entanto, por serem contrários ao profissionalismo, resolveram acabar com a equipe.

OITO VEZES NA ELITE BAIANA

Participou pela primeira vez do Campeonato Baiano de Futebol da 1ª Divisão em 1920 terminando na 8ª colocação entre 12 clubes. No ano seguinte (1921) terminou na 10ª colocação entre 12 clubes sendo rebaixado à Segunda Divisão. Retornou em 1924, terminou na 6ª colocação entre nove clubes.

De 1925 a 1927 terminou a competição sempre na última colocação, porém sem sofrer rebaixamento. Em 1928 terminou em penúltimo, retornou a 1ª Divisão apenas em 1937 quando foi último colocado e rebaixado pela última vez.

CAMPEÃO DA SEGUNDONA

O 1º Campeonato Baiano da 2ª Divisão, organizado pela Liga Bahiana de Desportos Terrestres (LBDT), aconteceu em 1922, e o Yankee terminou com o vice, ao perder o título para o Auto Bahia Futebol Clube.

Na 2ª Edição, em 1923, que contou com a participação de quatro clubes, o o Yankee se sagrou campeão; o Democrata Foot-Ball Club que foi vice-campeão, o 3º colocado Fluminense Foot-Ball e o 4º e último lugar o Sport Club Internacional. O Yankee também venceu o campeonato de Segundos Quadros, ambos de forma invicta. Em 1935, o clube foi o vice-campeão da Segundona.

Fontes: Marlon Krüger, Biblioteca da Superintendência dos esportes da Bahia, Acervo de Aroldo Maia, Revista Sport Ilustrado, Mestrado em Pós-Graduação em História, pela Universidade Estadual de Feira de Santana de Henrique Sena dos Santos

Nota do Editor: Em 1923 a segundona na verdade foi uma Série B da Primeira Divisão, idêntico ao que ocorreu no Campeonato Carioca. ou seja, o clube da Série B poderia ser campeão estadual.

Yankee em 1923

NOME: **Esporte Clube Olímpia**

FUNDAÇÃO: **1/06/2016** TEL:

SEDE: **Lauro de freitas - Bahia**

SITE: **www.ecolimpia.com.br**

SITUAÇÃO: **LICENCIADO/ SÓ BASE**

Águia

MAISCOTE

Criado em 2016 pelo jogador Anderson Talisca, o Esporte Clube Olimpia é um clube de Lauro de Freitas Bahia Brasil, Fez sua estreia profissional na Série B do Campeonato Baiano em 2019

Clube começou bem em sua primeira temporada Olímpia foi vice campeão ao ganhar o primeiro jogo por 2 a 1, largando na frente na final no jogo da volta acabou perdendo do Doce Mel na final por 3 a 0 e no agregado 4 a 2 para o adversário que subiu de divisão.

ILHEUS A.C.

NOME: **Ilhéus Atlético Clube**

FUNDAÇÃO: **15/05/1944** | TEL:

SEDE: **Ilhéus - Bahia**

SITE:

SITUAÇÃO: EXTINTO

MAISCOTE

ILHEUS A.C.

Ilhéus Atlético Clube

Fundado no dia 15 de Maio de 1944

O clube sempre teve um cunho de participar das competições citadinas. Ao longo do tempo assistiu alguns clubes da cidade disputar a Primeira Divisão do Campeonato Baiano como o Flamengo FC, Vitória Esporte Clube, Ilhéus Futebol e Regatas e Colo Colo.

Então, o **Ilhéus AC** resolveu tentar o futebol profissional. Na sua estreia no Campeonato Baiano da Divisão de Acesso (Série B), em 1990, bateu na trave terminando com o vice-campeonato só atrás do ***E.C. Ypiranga****(clube do ilustre torcedor: Jorge Amado).*

E.C.S.C.

NOME: **Energia Circular Sport Club**

FUNDAÇÃO:

TEL:

SEDE: **Salvador - Bahia**

SITE:

SITUAÇÃO: EXTINTO

MAISCOTE

Energia Circular surgiu da empresa de transporte urbano de mesmo nome. Estreou no Campeonato Baiano de Futebol em 1932, sua maior conquista foi obter um vice-campeonato em 1934, Em 1935 quando a LBDT (Liga Bahiana de Desportos Terrestres) re-criou a Segunda Divisão que não era disputada desde 1923, porém não existia acesso direto, o campeão tinha que disputar uma melhor de três jogos com o último colocado da Primeira Divisão, foi neste ano que o Energia Circular foi último colocado do Campeonato Baiano de Futebol e foi derrotado pelo São Pedro, campeão da 2ª Divisão, e assim rebaixado. Em 1936 o Energia foi campeão da Segunda Divisão, mas foi derrotado pelo Fluminense Foot-Ball permanecendo assim na Segunda Divisão, porém no ano seguinte obteve novamente o título e mais uma vez enfrentou o Fluminense Foot-Ball, desta vez sagrou-se vencedor e retornou a Primeira Divisão Em 1938 fez uma campanha razoável na competição, mas desistiu de seguir na elite e no ano seguinte se inscreveu na Segunda Divisão onde sagrou-se vice-campeão ao perder o título para a Associação Desportiva Guarany No ano seguinte, em 1940, foi novamente campeão e obteve o direito de, em 1941, disputar com o Botafogo Sport Club, lanterna da 1ª Divisão, o direito de disputar uma vaga na competição, porém o Energia Circular foi derrotado em 4 a 2 e 3 a 0 e manteve-se na Segunda Divisão quando a mesma foi extinta em 1942 retornando apenas em 1967.

Campeão Baiano - 2ª Divisão: 1936 - 1937 – 1940

NOME: Fluminense Futebol Clube

FUNDAÇÃO: | TEL:

SEDE: Salvador - Bahia

SITE:

SITUAÇÃO: EXTINTO

MAISCOTE

Fluminense Futebol Clube é um clube de futebol extinto da cidade de Salvador Estado da Bahia Nomeado através do Fluminense Football Club do Rio de Janeiro foi um clube com inicío promissor no futebol ganhando dois Campeonato Baiano de Futebol e posteriormente 5 vice campeonatos.

Campeão Baiano - 1ª Divisão: 1913 - 1915 Torneio Inicio: 1946

NOME: **Associação Desportiva Guarany**

FUNDAÇÃO: **12/01/1920** TEL:

SEDE: **Brotas - Salvador -Bahia**

SITE:

SITUAÇÃO: **EXTINTO**

Indio
MAISCOTE

Dizem até que a Associação Desportiva Guarani surgiu pra homenagear o romântico escritor que foi um dos expoentes do movimento indigenista na literatura. Imaginem que disputou pela primeira vez um campeonato baiano em 1915 no cinquentenário da publicação do romance Iracema que mostra um homem branco convivendo num meio indígena.

Os personagens de um e outro são, no entanto diferentes. Enquanto um fala de Diva, da Viuvinha, de Lucíola, o outro prefere Roliço, Lamarone, Mila, Bacamarte e Camerino. Outro dia eu li um ranking de escritores(tem de tudo nos dias de hoje!) que colocava o José de Alencar mais baixo do que o Guarani, que no futebol baiano ostenta a condição de décima equipe em número de participações na Primeira Divisão, mesmo tendo disputado há 45 anos o certame pela última vez.
Assim como nosso "Zé" teve uma vida com altos e baixos o Guarani também teve. Na sua estreia no certame baiano ficou na lanterna, voltou a Primeira Divisão nos últimos anos da década de vinte e nos anos trinta. Enquanto isso nosso herói literário vinha de Fortaleza pro Rio de Janeiro, onde marcou passo e só publicaria um romance em 1856.

E nesse terreno o Guarani baiano é até melhor pois ganhou o título de campeão da Segunda Divisão em 1939 enquanto setenta anos antes Dom Pedro II faria uma falseta com o Zé vetando sua candidatura a senador. Pois é, essas coisas já haviam desde aquele tempo! O Guará se manteria 24 anos, 1942 a 1966, entre os maiores clubes do futebol da boa terra, só estando ausente por duas vezes, 1954 e 1957. Três anos mais do que o Zé Alencar que morreria de tuberculose antes.
É certo que nem tudo foram flores durante a participação do Guarani pois foi lanterna do certame oito vezes, sendo inclusive "tri lanterna" (se é que isto existe!) quando o Galícia obteve o seu tricampeonato.

Mas, assim como a grande época de Alencar foi nos anos 70, quando até o compositor Carlos Gomes transformou seu romance O guarani em ópera, a do índio baiano foi setenta anos depois, durante a construção da Fonte Nova. Foi nesta fase que conquistou de forma espetacular o Campeonato Baiano de 1946 enfrentando em "melhor de quatro" a grande equipe do Ypiranga. E esta façanha foi pra comemorar o centenário de outro grande feito, a entrada de José Alencar na Faculdade de Direito do Rio de Janeiro.

Esse feito histórico foi conseguido por Menezes, Bolívar e Bacamarte; Manu, Berto e Sabino; Camerino, Mundinho, Elísio, Tuta e Aurélio. Na ocasião ficou com a vice (Elísio) e o quarto lugar(Camerino) na tabela de artilheiros. Ou seja tudo nome de índio, tais como os romances que marcaram a vida do Zé, Ubirajara, Iracema e O guarani.

O Guarani estaria ainda "na crista da onda" em 1947 e 1949 obtendo o terceiro lugar nos certames, embora, no ano seguinte, voltasse para a lanterna. A Era da Fonte Nova, porém, seria a tuberculose que mataria os índios baianos. O futebol foi profissionalizado, passaram a ser cobradas altas taxas no estádio, e o leilão dos melhores jogadores trouxe dificuldades para o clube. A infraestrutura necessária para a prática do esporte exigiu uma gestão cada vez mais complexa.

Nos anos 1870 nosso Zé ainda publicou vários romances, Guerra dos mascates, Til, A pata da gazela, O tronco do ipê, Senhora, O gaúcho, mas eram Sonhos de ouro. Na Bahia, noventa anos depois, chegaria a Era da Televisão e das grandes audiências. A introdução dos certames nacionais e o calendário que prioriza a participação dos principais clubes dos estados.

O golpe mortal no Guarany foi dado pela crise que assolou o futebol baiano. Não foi o clube que a provocara, nem sequer contribuíra pra ela, mas as restrições da federação e do CND e o boicote da imprensa ao Vitória atingiria decisivamente o Guarany.

O ano de 1966 foi o segundo da crise do futebol baiano. O Guarani não podia viajar pra Europa pra curar as suas feridas como fez Alencar, e por isso ainda durou mais de um ano. O início do certame baiano acentuou a crise, particularmente em função de Fluminense, Bahia, Galícia e Leônico se somarem ao boicote com a desculpa de não jogarem no campo da Graça.

O regulamento aprovado preocupou o Guarany pois previa o descenso dos três últimos colocados na soma geral dos pontos. Estreou no dia nove de junho perdendo pro Botafogo por três a zero. Nove dias depois enfrentaria um clube do "seu tope", o da empresa de transportes SMTC e candidato ao rebaixamento. Mas os "índios" foram abatidos por quatro a um! A nova derrota inaugurou um clima de pessimismo no clube que o levou a perder seguidamente pro Ypíranga(0 X 3) e para o bicampeão Vitória(0 X 4).

Como o Vitória já tinha faturado o turno a FBF resolve cancelar os jogos restantes, inclusive o jogo Guarany X Estrela de Março. Este último seria o lanterninha do certame e tomaria pelo menos duas goleadas astronômicas, 10 X 0 do Vitória e 9 X 0 do Fluminense de Feira de Santana.

Mas pra azar do Guarani a crise foi resolvida após quatro meses de interrupção do campeonato. O futebol baiano estava "pacificado" mas quem estava mal ficou pior. A estreia no segundo turno durante o Natal até que valeu, com uma vitória contra o Botafogo por três a um, mas logo enfrentariam o futuro campeão Leônico, perdendo por quatro a um. A goleada abalaria o time que perderia três vezes seguidas, para Galícia, Vitória e Ypiranga. No dia 29 de janeiro a tuberculose do Guarani piorou de vez em feira de Santana ao perder do Fluminense por seis a um.

A equipe de Peri ainda consegue ganhar do SMTC por quatro a dois, e até surpreender o mundo ao empatar heroicamente com o EC Bahia em um gol. Mas pra se manter na Primeira Divisão teria que derrotar os fracos Estrela de Março e São Cristóvão. Mas a doença tinha debilitado os índios.

Veio então aquele mês fatídico de março de 1967. Conseguiram até passar pelo Estrela de Março conhecido por todo índio que se preza que se orienta pelo céu por um a zero. Mas a sina de Tupã estava marcada. E foi a sua inimiga igreja desde o tempo da Conquista portuguesa que colocou a pá de cal, o São Cristóvão vencendo de dois a um os índios.

O final do romance do futebol é que foi mais de acordo com a realidade. É que enquanto na vida os índios brasileiros sofreram um cruel extermínio no romance de Zé Peri foge com Ceci da guerra e da enchente, transformando uma árvore em canoa. Uma metáfora da miscigenação entre índios e portugueses que teria dado início á população brasileira. Mas o Guarani não achou nem um barco na corrente da insensatez que é o futebol baiano. Foi pelo esgoto a sua primeira morte por tuberculose.

Ainda tentaria em vão voltar á Primeira Divisão mas acabaria se licenciando. Em 1975, no centenário do aparecimento da tuberculose do Zé, voltaria o seu azar ficando em segundo lugar num certame em que só subiu o primeiro, o Redenção. A decepção levaria a nova licença que só terminaria na década de 80 quando tentou por seis vezes o Ascenso, e, por fim, em 1990, houve a sua segunda morte, passado a peixeira mesmo como convém a um nordestino.

Campeão Baiano - 1ª Divisão: 1946 Campeonato Baiano - 2ª Divisão: 1939

NOME: Clube Bahiano de Tênis

FUNDAÇÃO: 28/07/1916 | TEL: 71 3247-8246

SEDE: Rua Oito de Dezembro, 525, Graça, Salvador, Bahia

SITE: www.clubebahianodetenis.com.br

SITUAÇÃO: LICENCIADO / MANTÉM OUTROS ESPORTES

MAISCOTE

Clube Bahiano de Tênis é uma agremiação multidesportiva brasileira, da cidade de Salvador, capital do estado da Bahia Entre suas atividades, dedica-se ao futebol (com quem conquistou um título estadual e um vice-campeonato), natação e balé Mas foi idealizado como um clube de tênis em 1916, sendo o pioneiro na implantação desse esporte na sociedade soteropolitana

Campeão Baiano - 1ª Divisão: 1927 Torneio Inicio: 1920 - 1923 – 1927

A equipe do Bahiano de Tenis

NOME: **Humaitá Futebol Clube**

FUNDAÇÃO: | TEL:

SEDE:

SITE:

SITUAÇÃO: EXTINTO

MAISCOTE

Humaitá Futebol Clube foi a primeira equipe de Vitória da Conquista a atuar no profissionalismo e na 1ª Divisão do Campeonato Baiano. O clube obeteve êxito quando entrou na 2ª Divisão na década de 70 conquistando o acesso, atuou na elite em 1976, 1977 e 1980.

NOME: Barreiras Esporte Clube

FUNDAÇÃO: 14/02/1995 | TEL:

SEDE: Barreiras - Bahia

SITE:

SITUAÇÃO: LICENCIADO

MAISCOTE

Barreiras entrou no profissionalismo em 2000, quando venceu o Torneio Seletivo (3ª Divisão), passando no mesmo ano para a disputa do Campeonato Baiano da Segunda Divisão. Conquistou o título após vencer o Jacuipense com um gol de falta de Esquerdinha aos 47 do 2º tempo No 1º jogo havia perdido por 3x0; na partida de volta venceu 3x0 e ficou com o título por ter tido melhor campanha.

Campeonato Baiano - 2ª Divisão: 2000

Em 2001, fez boa campanha na Primeira Divisão baiana, terminando o campeonato na sexta posição. O sexto lugar na classificação geral, para um time "novato" foi motivo para comemoração. Porém, em 2002, passou por uma má fase que resultou em seu rebaixamento. Disputou a 2ª Divisão em 2003, alcançando o 4º lugar. Em 2004, abandonou o futebol profissional.

NOME: **Canaã Esporte Clube**

FUNDAÇÃO: **8/08/2018** TEL:

SEDE: **Irecê - Bahia**

SITE:

SITUAÇÃO: ATIVO

Não Tem

MAISCOTE

Participação Primeira Vez Profissional em 2019 ficanco 5 - Colocado Baiano Série B, 2022 eliminado na primeira fase

História

Fundado em 2000, com sede na cidade de Irecê (BA), o projeto social Nova Canaã é destaque em todo o Brasil. Em 18 anos de fundado, o programa já beneficiou mais de duas mil famílias carentes do sertão nordestino. Lá são atendidas quase 600 crianças e distribuídas mais de 2500 refeições diárias. Todo esse trabalho é feito com assistência social, educação, esporte de alto rendimento, cultura, e saúde.

De Irecê na Bahia, para a Capital Federal. O Distrito Federal agora conta com mais um clube filiado à Federação de Futebol do Distrito Federal, obs- Saiu da Bahia.

	NOME: **UNIRB Futebol Clube**	
	FUNDAÇÃO: **2018** TEL:	
	SEDE: **Fazenda Reunidas 100 Mata de São João (BA)**	
	SITE:	
	SITUAÇÃO: **ATIVO**	**MAISCOTE**

História

UNIRB Futebol Clube é um clube suas cores são azul vermelho e branco O Clube está vinculado ao Centro Universitário UNIRB, e será mantido com recursos da Rede UNIRB, instituição de Ensino que opera em 7 estados do Nordeste, com 20 IES, instalada em 14 cidades, com ensino presencial e EAD, Disputou Campeonato Baiano da Segunda Divisão 2019 pela primeira vez onde ficou 3-Colocado com 17 pontos faltou pouco pra chegar na final.

Campeão Baiano - 2ª Divisão: 2020

Unirb Campeão Baiano Série B 2020

Campanha 1- Fase **Unirb** 2 **x** 2 **Barcelona, Colo Colo** 0 **x** 1 **Unirb, Unirb** 3 **x** 1 **Jequié Canaã** 0 **x** 0 **Unirb, Unirb** 3 **x** 0 **T.Freitas,** Final, **Colo Colo** 0 **x** 0 **Unirb,**

Unirb 0 **x** 0 **Colo Colo**

Penaltis 4 **x 2**

NOME: **Ideal Esporte Clube**

FUNDAÇÃO: **17/04/1934** TEL:

SEDE: **Santo Amaro - Bahia**

SITE:

SITUAÇÃO: LICENCIADO

MAISCOTE

Futebol profissional, passando a disputar competições amadoras do município de Santo Amaro, tendo como grandes rivais os clubes de futebol Guarani e Amarantin. Aos 18 de abril de 2014, o Ideal completou 80 anos de fundação. Poucos anos depois surgiu o Botafogo de Santo Amaroque obteve o título da segundona em 1981, assim como o Ideal fic

Com o apoio de João Araújo e Caetano Valladares,o Ideal começou a tomar corpo e forma, passando a fazer parte da história do futebol de Santo Amaro. Contou depois com colaborações do Dr. Edilio Mesquita e Antônio Carteiro que se uniram no trabalho para montar o time.

A primeira sede do clube foi na Avenida Ruy Barbosa (onde atualmente se encontra).

A fundação do clube foi no ano de 1934, embora não haja documentos oficiais (atas), nos papéis existentes no clube como recibos de mensalidade, encontra-se a data de 17 de abril de 1934 como marco inicial do time.

O ano de 1970 marcou a única participação do Ideal Esporte Clube da cidade de santo amaro na primeira divisão do campeonato baiano. Nos três anos anteriores tentou a sorte na 2ª Divisão, em 1967 não conseguiu o acesso, em 1968 esteve perto com o vice-campeonato, mas em 1969 devido ao acesso de cinco clubes o Ideal foi junto para a elite.

Na estreia da 1ª divisão assombrou o estado ao vencer o Esporte Clube Bahia por 1 a 0 e depois bater o Esporte Clube Vitória por 2 a 1. Porém os outros resultados foram desastrosos como em derrotas por 7 a 0 e 5 a 1 para o Fluminense de Feira. Dentre 16 clubes ficou na zona de rebaixamento ao final do campeonato e deu adeus para nunca mais retornar. Em 1971 sequer entrou na 2ª Divisão, De lá para cá, o time deixou de disputar

ou um ano e foi rebaixado, mas o Botafogo não obteve sucesso contra a dupla Ba-Vi. Apesar de ainda ser filiado a FBF (o Ideal foi desfiliado a muitos anos) o Botafogo ainda vive na sombra da lembrança do Ideal, o time que mais marcou a cidade de caetano velosso

NOME: Doce Mel Esporte Clube

FUNDAÇÃO: 1/02/1984

TEL:

SEDE: Ipiaú-BA

SITE:

SITUAÇÃO: ATIVO

Capitão America

MAISCOTE

1984 – 2017	2017 – 2019	2019 – Atual

História

Associação Desportiva Atlanta foi fundada em 1º de Fevereiro de 1984 Conquistou o título da 2ª Divisão do Campeonato Baiano em 1987, chegando à 1ª Divisão no ano seguinte Na elite baiana, o Atlanta estreou no dia 28 de fevereiro, sendo derrotado em casa pela Catuense por 2 a 1. No primeiro turno, marcou apenas um ponto em cinco jogos. No segundo turno, foram dois pontos em quatro partidas. No terceiro turno, teve sua melhor participação, marcando seis pontos em cinco partidas e chegando ao quadrangular final do turno. No quadrangular final, a equipe perdeu as três partidas: 5 a 0 para o Esporte Clube Bahia, 7 a 2 para o Fluminense de Feira e 1 a 0 para a Catuense. No quarto turno, perdeu as quatro partidas que disputou e acabou rebaixado para a 2ª Divisão de 1989.

Titulos

Campeão Baiano - 2ª Divisão: 1987- 2019

	NOME: São Cristovão Atlético Clube	
	FUNDAÇÃO: / TEL:	
	SEDE:	
	SITE:	
	SITUAÇÃO: EXTINTO	MAISCOTE

São Cristóvão Atlético Clube da cidade de Salvador

Campeão Torneio Início :1966

	NOME: River Ilheense Esporte Clube	
	FUNDAÇÃO: 14/08/1977 TEL:	
	SEDE: Ilhéus - Bahia	
	SITE:	
	SITUAÇÃO: LICENCIADO	MAISCOTE

River Ilheense Esporte Clube é um time de futebol da cidade de Ilhéus (Bahia) Seu uniforme é camisa verde com detalhes vermelhos e brancos, calção branco e meias brancas e vermelhas, Fundado em 14 de agosto de 1977, é filiado à Federação Bahiana de Futebol (FBF), mas encontra-se sem atividade.

O nome é uma homenagem ao River Plate, da Argentina.

Participou do Campeonato Baiano de Futebol na década de 1990, nas edições de 1995, 1996 e 1997, quando foi rebaixado à segunda divisão Seu mando de campo era o Estádio Mário Pessoa, em Ilhéus.

Além das atividades no futebol de campo, o River também participa de competições do futebol de areia.

NOME: Associação Cultural e Esportiva Jorge Amado

FUNDAÇÃO: 10/08/2018 | **TEL:** (73) 99823-0613

SEDE: Rua Nossa Senhora das Dores Iguape Ilhéus Bahia

SITE:

SITUAÇÃO: EM ANDAMENTO FILIAÇÃO

Coronel

MAISCOTE

A cidade de Ilhéus, está na expectativa de receber mais um time profissional, agora em 2023 o time vem para fortalecer o futebol tanto no âmbito amador, como no profissional da cidade. A qualquer momento, não só a cidade de Ilhéus, com a região também, e a Bahia, vai conhecer o novo clube de futebol de Ilhéus, a ACE Jorge Amado

Esse novo time, vem no formato de Associação Cultural Esportiva, e faz uma belíssima homenagem ao grande escritor ilheense, Jorge Amado....É como vai ser chamado, é bom lembrar, que os responsáveis pelo time, já deram entrada na documentação, para que o time ganhe identidade, e legalidade perante as entidades que comandam o futebol baiano, e brasileiro..

O Jorge Amado, como vai ser chamado esse novo clube, tem como presidente, Rogério Oliveira, um grande apaixonado pelo futebol, e que vem nessa grande luta, para presenteá a cidade de Ilhéus com uma nova opção para os torcedores ilheense. A ACE Jorge Amado, vem com um projeto moderno e arrojado, o presidente Rogério Oliveira afirma que o clube, está chegando pra somar, e não pra ser mais um, no cenário do futebol baiano. Em seus projetos, o time vai trabalhar com divisões de base, movimentar também outras modalidades esportivas, e levar o futebol profissional não só ao topo do futebol da Bahia, como também a nível nacional.

Agora é só aguardar, a documentação ser legalizada perante aos órgãos responsáveis, para que a ACE Jorge Amado, possa ganhar o seu RG do futebol.

Contato do Time Ace Jorge Amado

www.facebook.com/acejailheus

twitter.com/acejorgeamado

instagram.com/acejorgeamado

NOME: **Eunápolis Esporte Clube**

FUNDAÇÃO: **7/07/1982** TEL:

SEDE: **Eunápolis - Bahia**

SITE:

SITUAÇÃO: LICENCIADO

Tigre

MAISCOTE

Disputou pela primeira vez o Campeonato Baiano da Segunda Divisão em 1990 sem obter sucesso, retornou aos campos em 1994 quando conquistou o vice-campeonato perdendo a final para o Conquista Futebol Clube, mesmo assim conseguiu o acesso para a 1ª Divisão, à qual disputou até 1998 quando foi rebaixado. Deste então o clube nunca mais retornou ao profissionalismo apesar de fracassadas tentativas de inscrever o clube nos anos de 2002, 2003, 2007, 2009 e 2010.

lembra a excelente campanha do Eunápolis Esporte Clube, que Disputou o Campeonato Baiano da Segunda Divisão em 1994 conquistando o vice-campeonato baiano daquele ano, fazendo a final em seus domínios no estádio Itamarzão lotado, com o Conquista Futebol Clube. Na primeira partida da final, Conquista 3 Eunápolis 1, já na segunda partida, o time do Eunápolis precisava só vencer por qualquer placar pra conquista o título, já que, o Tigrão tinha a melhor campanha do certame, com 21 pontos contra 18 do Conquista. Mas não saiu do empate em seus domínios, perdendo a chance de ganhar o título. Mas mesmo assim garantiu o acesso para a 1ª Divisão, à qual disputou até 1998 quando foi rebaixado.

O Time do Eunápolis que enfrentou o Conquista Futebol Clube naquela final foi:

Ado (goleiro) Nazaré (Carlinhos) Aguinoel, Normando e Cafú; Cosme, Rocha e Gilton; Alexandre, Dadico e Rubem (Nei) Técnico Soares Barbosa (Bico de Pato)

Conquista Futebol Clube: Ivo, Denilson, Issa, Djalma e Camilo; Dequinha (Jorginho) Lima e Herbert; Pena, Kel e Hélber. Técnico Elias Borges

Alguns jogadores do Eunápolis daquela época:

Marcelo Jorge – Goleiro Ado (in memorian) – Dadico- Aguinoel – Soares Barbosa (Bico de Pato) Treinador.

NOME: Esporte Clube Estrela de Março

FUNDAÇÃO: 1961 **TEL:**

SEDE: Salvador - Bahia

SITE:

SITUAÇÃO: LICENCIADO / SÓ BASE

Homem de Ferro

MAISCOTE

Disputar a 2ª Divisão do Campeonato Baiano.

Em 1965 conquistou o vice-campeonato ao perder o título para o Redenção Futebol Clube, obtendo acesso à 1ª Divisão.

Em 1966 disputou pela única vez na sua história a 1ª Divisão do Campeonato Baiano. Na estréia, em 11 de junho, foi derrotado em 2 a 0 para o São Cristóvão Atlético Clube com dois gols de Dalmar. Na sua segunda partida, em 19 de junho, foi duramente derrotado pelo Esporte Clube Vitória por 10 a 0. No primeiro turno a equipe não somou nenhum ponto. No segundo turno, em 1º de fevereiro de 1967, empatou com o Galícia Esporte Clube com gol de Augusto marcando seu único ponto na história do Campeonato Baiano da 1ª Divisão. No total em 14 jogos foram 13 derrotas e um empate sem vitórias. Marcou 3 gols e sofreu 60 gols. Augusto foi o artilheiro da equipe marcando 2 gols. O outro gol foi marcado por Hélio.

NOME: Associação Cultural Esportiva Jequieense.

FUNDAÇÃO: 25/01/2009 **TEL:**

SEDE: Centro de Jequié -Ba

SITE:

SITUAÇÃO: EM ANDAMENTO FILIAÇÃO

Pantera Negra
MAISCOTE

Em 25 de janeiro de 2009, às 14hs , em sua empresa situada na avenida Presidente Dutra Nº 121 – centro de Jequié , o senhor Márcio Meira Lopes , pensando na situação do futebol profissional de Jequié , então nasceu a ideia de convidar amigos para a criação de um clube de futebol , eles então aceitaram o desafio da criação de um novo clube em Jequié , após varias reuniões realizadas pelos membros, foi feita a apresentação onde os associados aprovaram e fundariam o (hoje) clube de futebol denominado A.C.E.J - Associação Cultural e Esportiva Jequieense.

Naquela reunião o idealizador e presidente Márcio Meira Lopes criou assim toda a diretoria do clube, logo em seguida criou-se o estatuto dentro das normas e regras esportivas vigentes, após ser aprovado por todos o mesmo foi encaminhado a F.B.F - Federação Baiana de Futebol para que a entidade começasse a saber da existência do mesmo.

M.L.E.C.

NOME: Monte Líbano Esporte Clube	
FUNDAÇÃO: 1955	TEL:
SEDE: Salvador - Bahia	
SITE:	
SITUAÇÃO: EXTINTO	

MAISCOTE

O Time SMTC virou Esporte Clube Monte Líbano que disputou a 1ª Divisão em 1970 sendo rebaixado.

Ùnico Campeonato Baiano de 1970 Que Monte Líbano Disputou.

Disputou contou com a participação de 16 equipes: Associação Desportiva Jequié de Jequié, Conquista Futebol Clube de Vitória da Conquista, Feira Tênis Clube e Fluminense Futebol Clube de Feira de Santana, Ideal Esporte Clube de Santo Amaro, Ilhéus Atlético Clube de Ilhéus, Itabuna Esporte Clube de Itabuna, Associação Desportiva Leônico, Botafogo Sport Club, Esporte Clube Bahia, Esporte Clube Monte Líbano, Esporte Clube Vitória, Esporte Clube Ypiranga, Galícia Esporte Clube, Redenção Futebol Clube e São Cristovão Atlético Clube (todos de Salvador).

A fórmula de disputa consistiu em dois turnos com os campeões de cada turno (Bahia no 1º turno e Itabuna no 2º turno) decidindo o título.

NOME: Clube de Regatas Itapagipe

FUNDAÇÃO: 7/09/1904 | TEL:

SEDE: Ribeira Salvador - Bahia

SITE:

SITUAÇÃO: LICENCIADO/ SÓ REMO

MAISCOTE

Clube de Regatas Itapagipe é um clube brasileiro da cidade de Salvador, capital do estado da Bahia. Foi fundado em 7 de setembro de 1904 Disputa anualmente o Campeonato Baiano de Remo desde 1902, disputou em 1920 o Campeonato Baiano de Futebol terminando na 12º e última colocação com apenas uma vitória (de W.O. contra o Internacional) e dez derrotas. Retornou na década de 1960 na disputa da 2ª Divisão, porém não obteve sucesso.

Em agosto de 1902 esportistas residentes na Península, juntos em um aniversário na residência dos Irmãos Torres, comentam a ideia da fundação de um Clube Náutico em Itapagipe para a prática de Remo. Ficou logo acertado que o clube seria batizado com o nome de Clube de Regatas Itapagipe. Assim, no dia 7 de Setembro de 1902, pela manhã, na residência da Família Espinheira, gentilmente cedida, foi fundado o Itapagipe, mantendo o nome anteriormente escolhido.

NOME: **Aliança Esporte Clube**

FUNDAÇÃO: **15/03/1984** TEL:

SEDE: **Irece - Bahia**

SITE:

SITUAÇÃO: **LICENCIADO**

MAISCOTE

Aliança Esporte Clube de Irecê estreou no profissionalismo na 2ª Divisão do Campeonato Baiano de 1997, na sua primeira partida derrotou o Astro pelo placar de 3 a 0 no Estádio Joviniano Dourado em Irecê. Ao final do primeiro turno encerrou sua participação na 2ª colocação atrás apenas do Camaçari, repetiu essa campanha no segundo turno novamente tornando-se vice-campeão atrás do Camaçari, como o Camaçari venceu ambos os turnos sagrou-se campeão por antecipação e levou a única vaga na 1ª Divisão. O Aliança foi vice-campeão seguido por Jacuipense, Astro e Teixeira de Freitas.

Em 1998 fez sua segunda e última participação na 2ª Divisão, com nove clubes na disputa o Aliança novamente estreou contra o Astro, desta vez em Feira de Santana, porém mais uma vez saiu de campo vencedor, ao final da 1ª fase encerrou sua participação na 4ª colocação conseguindo vaga nas semi-finais. Na Semi-Final o Aliança foi derrotado pelo Cruzeiro, que viria a ser campeão contra o Atlético de Alagoinhas, e foi eliminado, mais uma vez perdeu por pouco o acesso a elite baiana.

Passado o ano de 1998 o Aliança pediu licença para nunca mais retornar, em 2001 ensaiou um retorno, mas não conseguiu reunir condições e desde então apenas disputa campeonatos regionais com suas divisões de base. Sua participação no profissionalismo foi tão relâmpago quanto a do sua vizinho mais próximo, o Jacobina Esporte Clube, porém sem conseguir ascender a 1ª Divisão.

NOME: **Ratrans Esporte Clube**

FUNDAÇÃO: **1/03/1983** TEL:

SEDE: **São Sebastião do Passé - Bahia**

SITE:

SITUAÇÃO: **LICENCIADO**

MAISCOTE

Ratrans Esporte Clube é uma agremiação de São Sebastião do Passé, na Bahia Seu estádio é o Antônio Pena, com capacidade para 3.000 espectadores. Suas cores são azul e branco.

Foi fundado pela transportadora de mesmo nome. Participou do Campeonato Baiano da 2ª Divisão nos anos de 1990, 1992, 1994 e 1998 sem obter resultados expressivos.

O clube ficou conhecido nacionalmente por revelar o atleta Magno Alves, que atuou durante vários anos no Fluminense Football Club, tornando-se um dos maiores artilheiros da história do clube e até chegando a Seleção Brasileira, em 2001.

Apesar de não disputar nenhum campeonato desde 1998, a equipe ainda consta como filiada a Federação Bahiana de Futebol.

NOME: **Flamengo Futebol Clube Bahia**

FUNDAÇÃO: **2/04/1912** TEL:

SEDE: **Ilhéus - Bahia**

SITE:

SITUAÇÃO: EXTINTO

MAISCOTE

Flamengo de Ilhéus, aquele que era amarelo e preto.

Participações do Campeonato Baiano Série A:1967–1968

NOME: **Esporte Clube Ipitanga Bahia**

FUNDAÇÃO: **20/09/2003** | TEL:

SEDE: **Lauro de Freitas - Bahia**

SITE:

SITUAÇÃO: LICENCIADO

Tucano

MAISCOTE

Ipitanga foi fundado em 20 de setembro de 2003. Foi o campeão da Segunda Divisão do Campeonato Baiano em 2004 e participou na Série C do Campeonato Brasileiro de 2005. O motivo da mudança de estádio nos anos de 2005 e 2006 foi devido ao pequeno apoio dado pela prefeitura de Lauro de Freitas ao clube recém-formado.

Titulos

Campeão Baiano - 2ª Divisão: 2004

NOME: **Associação Desportiva Comunitária Astro**

FUNDAÇÃO: **15/08/1978** TEL:

SEDE: **Feira de Santana- Bahia**

SITE:

SITUAÇÃO: LICENCIADO

Estrela
MAISCOTE

Astro foi fundado em 15 de agosto de 1978 no bairro dos Eucaliptos, zona sul da região de Feira de Santana O desportista Ermínio dos Reis Porto, conhecido no bairro por promover eventos esportivos, reuniu um grupo de amigos, dentre eles o professor Antônio Lopes Ribeiro, Antônio Jesus Coelho, Danilo Orgi, João Batista, José Rodrigues (Zelão) e Elias Lopes Ribeiro, fundando a agremiação que, a partir daquela data, passou a representar a comunidade, substituindo ao Real Feirense.

NOME: **Nacional Foot-Ball Club**

FUNDAÇÃO:

TEL:

SEDE: **Salvador - Bahia**

SITE:

SITUAÇÃO: EXTINTO

MAISCOTE

Nacional disputou o Campeonato Baiano de Futebol de 1920 e 1921, ano em que foi rebaixado no ano seguinte disputou o Campeonato Baiano da Segunda Divisão até então finalmente desaparecer.

NOME: **Sport Club República**

FUNDAÇÃO:

TEL:

SEDE: **Salvador - Bahia**

SITE:

SITUAÇÃO: EXTINTO

MAISCOTE

Sport Club República Suas cores eram verde e amarelo chamado de clube politico República que levava a sério o lema direitos e deveres igual a todos foram destaque nos anos 1910

Titulos

Campeonato Baiano - 1ª Divisão: 1916

NOME: Democrata Futebol Clube

FUNDAÇÃO:

TEL:

SEDE: Salvador - Bahia

SITE:

SITUAÇÃO: EXTINTO

MAISCOTE

Participações do Campeonato Baiano 1- Divisão: 5 1924–1925, 1927, 1930, 1932

NOME: Vitória Esporte Clube de Ilhéus

FUNDAÇÃO:

TEL:

SEDE: Ilhéus - Bahia

SITE:

SITUAÇÃO: EXTINTO

MAISCOTE

Participações do Campeonato Baiano Série A: 1967–1969

NOME: **Serviço Municipal de Transporte Coletivo**

FUNDAÇÃO: TEL:

SEDE: **Salvador - Bahia**

SITE:

SITUAÇÃO: EXTINTO

MAISCOTE

Participações do Campeonato Baiano Série A: 1966

Não há nenhuma novidade na existência de times de futebol ligados a empresas. Isto sempre houve desde o início do esporte. Teve time ligado a fábricas, ao comércio e a empresas urbanas. Por isso não é nada de extraordinário que eles surgissem na Bahia. Aqui no estado até hoje funciona a Catuense e, na capital, teve o da Antártica, o Auto Bahia, o Circular e o da SMTC.

O transporte público moderno tem sua origem na França do Século XVII quando o matemático Blaise Pascal obteve concessão para explorar carruagens. Na Bahia, chegou um pouco depois... duzentos anos, quando se estabeleceu a criação de companhias de ônibus ou gondolas. A adoção da palavra "ônibus" para designar este tipo de transporte surgiu perto desta época na cidade de Nantes. Conta-se que ali havia um sistema de diligências públicas. Para chamar a atenção do público usuário, um dono de loja colocou um letreiro com o trocadilho *Omnês onibus*. A primeira palavra correspondendo a seu nome e a segunda a palavra latina "para todos". Olhe que naquela época ainda não se falava de jogo do bicho. Aí a expressão pegou.

Na Bahia também houve disputa para a concessão de linhas, onde parece que o negociante mais sério era mesmo Antônio Francisco de Lacerda. Tanto que acabou também implantando um elevador para ligar as duas partes da cidade que, enquanto não mudarem o seu nome para um político de ocasião, vai continuar se chamando de Elevador Lacerda.

A energia elétrica dinamizaria os transportes urbanos. Em Salvador, no finzinho do século XIX durante a República, seria inaugurada a primeira linha de bondes elétricos. No início do novo século o espólio da antiga Companhia de Transportes Urbanos e da empresa Lacerda & Irmãos passaria para o patrimônio da Linha Circular Carris da Bahia.

NOME: **Botafogo Esporte Clube (Santo Amaro)**

FUNDAÇÃO: **28/12/1928** TEL:

SEDE: **Santo Amaro - Bahia**

SITE:

SITUAÇÃO: LICENCIADO

MAISCOTE

Alvi Negro Santoamarense surgiu ápos uma reunião entre amigos, no prédio, na rua do Amparo, em frente ao clássico bar de Tote Lima.

Fundação e criação do clube deve-se aos Srs. Renato Aragão, Arlindo Souza, Antônio da Costa Ribeiro, Vidal Oliveira, Bonifácil Moura, Pnéu que estiveram reunidos, precisamente 19 de dezembro de 1928. Na segunda reunião essa comissão de criação havia crescido todos juntos fundaram e consolidaram a criação do clube. Essa criação era composta por desportistas que acreditavam no trabalho dinâmico de indicadores e formadores da ideia. Nomes como Zezinho Veloso, Jonatas Enéas do Carmo, Francisco Pinto,Joaquim Alavares de Almeida, Dionisio Souza, Vivaldo Costa, Antônio Pimentel, entre outros foram de grande importância para o surgimento e sustentação do clube. Antônio da Costa Ribeiro.

Participações do Campeonato Baiano Série A: 1982.

Campeonato Baiano - 2ª Divisão: 1981

Segundo nosso amigo Vidú Barbosa, funcionário da Prefeitura Municipal, as cores preta e branca foram oriundas do Comercial, que se extinguira, afim que se mantivesse sempre a rivalidade com os rubro negros existentes. O Botafogo para usar a estrela solitária em sua camisa e no padrão fez um oficio ao Botafogo de Regatas (Rio de Janeiro) pedindo permissão. No registrar das andanças do Botafogo nos esclarece o Alvinegro Antenor Lídio com muita ênfase e orgulho, no segundo quadro de 1938, que se tornou campeão invicto, quando esses quadros eram de vital importância para o futebol interiorano, e atuou na sua maior parte com Edigio Borges Tavares, Vavá de Tranquilino, Dionizio Souza, Zeca Almeida, Anibal e Roberto, Vinte e um, Riachuelo, Aurinho, Cachimbinha e Antenor.

NOME: Sport Club Internacional

FUNDAÇÃO: 1908 | TEL:

SEDE: Salvador - Ba

SITE:

SITUAÇÃO: EXTINTO

MAISCOTE

Sport Club Internacional é um clube de futebol brasileiro fundado em 1900 e já extinto, da cidade de Salvador, na Bahia.

Em 1914, venceu o campeonato de futebol da Bahia, organizado pela Liga Brasileira de Sports Terrestres A taça foi entregue ao então vice-presidente do clube, Raul Bomfim, a 9 de fevereiro de 1915 A 21 do mesmo mês, tomou posse a nova diretoria do clube, presidida por José Lázaro de Araújo, com Raul Bomfim como vice.

Campeonato Baiano: 1914

NOME: Monte Rey Futebol Clube

FUNDAÇÃO: 1977 | TEL:

SEDE: Vera Cruz

SITE:

SITUAÇÃO: LICENCIADO

MAISCOTE

Monte Rey Futebol Clube é uma agremiação esportiva de Vera Cruz, no estado da Bahia Seu estádio é o Avelino de Jesus, com capacidade para 3.000 espectadores. Suas cores são o azul e o branco.

NOME: **Associação Atlética Sisal Bonfinense**

FUNDAÇÃO: **20/12/1985** TEL:

SEDE: **Senhor do Bonfim - Bahia**

SITE:

SITUAÇÃO: LICENCIADO

MAISCOTE

Primeira participação do Sisal Bonfinense foi no Campeonato Baiano da Segunda Divisão de 1993, em seguida disputou a Copa Interclubes no mesmo ano, competição que dava duas vagas na Primeira Divisão de 1994, onde realizou campanha fraca obtendo apenas uma vitória Em 1994 fez boa campanha na Primeira Fase obtendo o segundo lugar entre sete clubes, porém na semifinal foi derrotado pelo Conquista Futebol Clube após derrota por 5 a 1 e empate em 0 a 0 cm casa, assim o sonho do acesso foi adiado.

Em 1995 o time novamente chegou a semifinal e novamente foi goleado: derrota por 7 a 0 para a Associação Atlética São Francisco que levou a vaga na final e o acesso. Em 1996 o clube paralisou suas atividades retornando apenas em 2000 quando obteve o quarto lugar entre cinco clubes no Torneio Seletivo para a Segunda Divisão em 2001 disputou a Taça Estado da Bahia obtendo um modesto oitavo lugar entre nove participantes Desde então não mais disputou nenhuma competição da FBF.

NOME: **Esporte Clube Paulo Afonso**

FUNDAÇÃO: **2000** TEL:

SEDE: **Paulo Afonso - Bahia**

SITE:

SITUAÇÃO: LICENCIADO

MAISCOTE

NOME: Sport Club Itapetinga

FUNDAÇÃO: | TEL:

SEDE: Itapetinga - Bahia

SITE:

SITUAÇÃO: LICENCIADO

MAISCOTE

Em 2000 foi campeão da única edição do Campeonato Baiano da 3ª Divisão Após essa conquista, o Itapetinga desistiu da 2ª Divisão de 2001 e Ednaldo Rodrigues, eleito presidente da FBF na época, decidiu convocar o time de Paulo Afonso como suplente. Assim, a equipe pediu licença do futebol profissional e nunca mais retornou

Titulos

Campeonato Baiano - 3ª Divisão: 2000

NOME: **Abrantes Futebol Clube**

FUNDAÇÃO: **2015** TEL:

SEDE: **Vila de Abrantes - Bahia**

SITE: **www.abrantesfc.com.br**

SITUAÇÃO: EM ANDAMENTO FILIAÇÃO

MAISCOTE

Paulo Henrique um jovem de 19 anos, é o Fundador e Presidente do Abrantes Futebol Clube que foi criado em 2015 quando o mesmo ainda tinha 15 anos sendo um trabalho fruto das batalhas por segurança e pela educação através do esporte no distrito de Abrantes, orla do município de Camaçari, após o assassinato do seu Pai. O projeto começou com o social para atender os jovens do bairro pensando na cidadania de seus amigos, parentes e vizinhos.

Abrantes Futebol Clube é um time amador filiado a liga de Camaçari, com um forte viés social, assim a equipe hoje ajuda e incentiva mais de 180 Atletas a praticar o esporte, melhorando cada vez mais a qualidade de vida deles. O Clube já participa dos campeonatos regionais e estaduais.

1 de outubro 2018 representantes da agremiação visitaram a Federação Bahiana de Futebol para apresentar o projeto. O presidente do clube, Paulo Henrique, o vice-presidente Antônio de Souza e o consultor esportivo foram recebidos pelo presidente da entidade, Ednaldo Rodrigues, e o vice-presidente, Ricardo Lima.

No encontro, os desportistas reafirmaram o desejo de profissionalizar o Abrantes e tiraram dúvidas sobre o processo. Após a reunião, em conversa com o portal FBF, o grupo revelou que deseja já disputar o Baianão Infantil e Juvenil em 2019.

“Pretendemos começar pela Divisão de Base, que já trabalhamos, disputando o juvenil e o infantil. Futuramente, pensaremos em ter uma equipe profissional. Já temos um projeto entregue ao Ministério do Esporte para conseguir recursos através da Lei de Incentivo ao Esporte. Vamos poder desenvolver todo esse trabalho e também construir nosso Centro de Treinamentos”, afirmou Paulo Henrique.

Há três anos, um projeto social trabalha com crianças e adolescentes de Camaçari através do esporte. Trata-se do Abrantes Futebol Clube.

NOME: **Real Salvador Esporte Clube**

FUNDAÇÃO: **9/10/2002** TEL:

SEDE: **Salvador - Bahia**

SITE:

SITUAÇÃO: LICENCIADO / SÓ BASE

MAISCOTE

Um clube de futebol da cidade de salvador com o intuito de revelar talentos e futuramente conseguir ser a tão esperada terceira força do estado o clube está parado e deve retornar às atividades, voltado apenas para a formação de jogadores manda seus jogos em salvador.

Real Salvador chegou a disputar torneios internacionais e montou uma equipe profissional para participar da 2ª Divisão do Campeonato Baiano em 2006 mas a equipe acabou desistindo semanas antes do início da competição. Um dos principais frutos do trabalho do time foi a revelação de vários jogadores de renome nacional e internacional.

Titulos

Troféu Angelo Dossena Italia: 2004

Torneio Baiano Sub-16: 2003

Troféu Angelo Dossena é uma competição internacional de futebol sub-20 disputada anualmente no mês de junho na cidade de Crema Itália. A competição leva o nome do ex-presidente da Associazione Calcio Crema, Angelo Dossena.

A fórmula atual da competição consiste em 8 equipes participantes, divididas em dois grupos de quatro cada. Os dois primeiros colocados de cada grupo classificam-se para a semifinal. As partidas são realizadas no Stadio Giuseppe Voltini, em Crema.

NOME: Sport Club Bahiano

FUNDAÇÃO: 07/09/1903 **TEL:**

SEDE: Salvador - Bahia

SITE:

SITUAÇÃO: Extinto

MAISCOTE

Foi um clube da cidade de Salvador disputou somente três campeonato estadual 1905, 1906, 1907 ficando em lanterna as 3 edições clube sem sucesso em 1908 foi Extinto.

NOME: **Sport Club Brasileiro**

FUNDAÇÃO: **01/08/1905** TEL:

SEDE: **Salvador - Bahia**

SITE:

SITUAÇÃO: EXTINTO

MAISCOTE

Sport Club Brasileiro disputou uma único campeonato estadual em 1914 onde ficou ultimo colocado perdeu todos os jogos

Classificação - Final								
Time	PG	J	V	E	D	GP	GC	SG
Internacional	14	7	7	0	0	8	1	7
2 Fluminense de Salvador	10	7	4	2	1	7	3	4
3 Ypiranga	9	8	3	3	2	3	3	0
4 Sul América	5	8	2	1	5	6	9	-3
5 SC Brasileiro	0	8	0	0	8	3	11	-7

NOME: Esporte Clube Periperi

FUNDAÇÃO: 01/01/1934 TEL:

SEDE: Salvador - Bahia

SITE:

SITUAÇÃO: EXTINTO

MAISCOTE

Participou uma unica vez do Campeonato Baiano - 2ª Divisão 1971 sem sucesso e sumiu.

NOME: Atlético Futebol Clube

FUNDAÇÃO: 7/05/1912 TEL:

SEDE: Salvador - Ba

SITE:

SITUAÇÃO: EXTINTO

MAISCOTE

Atlético Futebol Clube foi um clube de futebol brasileiro, com sede na cidade de Salvador, capital do estado da Bahia.

Fundado em 7 de maio de 1912, originou-se do Sport Club Santos Dumont, fundado em 1904. Após conquistar o título de 1912, o Atlético não disputou mais o campeonato, devido a criação de uma nova Liga no ano seguinte.

Obs: Ainda tem uma briga sobre o verdadeiro escudo do Atlético de Salvador.

NOME: **Jacobinense Futebol Clube**

FUNDAÇÃO:

TEL:

SEDE: **Jacobina - Bahia**

SITE:

SITUAÇÃO: ATIVO

MAISCOTE

Fez sua estreia profissional na Segunda Divisão do Campeonato Baiano em 2022 Na primeira fase, o clube ficou na segunda colocação com 20 pontos, tendo 6 vitórias, 2 empates e 3 derrotas, marcando 17 gols e sofrendo 8. Nas semifinais, eliminou o Juazeiro nos pênaltis, após perder o primeiro jogo por 2 x 1, e ganhar o segundo por 1 x 0.

Vice Campeão Baiano série b de 2022

NOME: **Porto Sport Club**

FUNDAÇÃO: **2-02 2024** TEL:

SEDE: **Porto Seguro-Bahia**

SITE: **instagram.com/portosportclub**

SITUAÇÃO: ATIVO

MAISCOTE

A história do Porto iniciou no final de 2023, após Campeonato Baiano Intermunicipal de Futebol onde Porto Seguro foi Vice-campeão, quando André Negão colocou um projeto na mesa para a diretoria da Seleção de Porto Seguro e falou que eles estavam dentro do projeto, perguntando se "tinham coragem de encarar", o que o treinador Beto Oliveira respondeu sim.

Acertado com André, foi marcado a reunião para 28 de novembro, poucos diias depois do término do torneio.

Em dezembro, foi anunciado a criação do Porto, o primeiro clube de futebol profissional da história da cidade,e contaram com o apoio de empresários locais e prefeito Jânio Natal. O objetivo inicial era garantir o acesso à primeira divisão estadual de 2025. Em 2 de fevereiro de 2024, o Porto filiou-se à Federação Bahiana de Futebol (FBF). Em 20 de fevereiro, ocorreu a solonidade de filiação do Porto à FBF junto a Confederação Brasileira de Futebol (CBF), em Lauro de Freitas. Em 22 de abril, aniversário da Descoberta do Brasil, foi apresentado oficialmente a equipe.

Agradecimentos

Chegar ao final desta jornada literária é um momento de profunda reflexão e gratidão. Antes de nos despedirmos das páginas que formam este livro, gostaria de expressar minha sincera apreciação a todos que tornaram esta obra possível.

Primeiramente, agradeço aos meus leitores. Vocês são a razão pela qual escrevo e o motivo pelo qual continuo a explorar novas histórias. Sua curiosidade e entusiasmo me inspiram a criar e a me dedicar a cada palavra e cada parágrafo. Espero que este livro tenha encontrado um lugar especial em suas vidas, assim como vocês encontraram um lugar especial no meu coração.

Agradeço a minha família e amigos, cujo apoio incondicional e paciência foram fundamentais ao longo deste processo. Seus encorajamentos e palavras de incentivo me deram a força necessária para superar os desafios e manter a escrita fluente. Sem o seu amor e suporte, este livro não seria o mesmo.

Aos profissionais que ajudaram a dar forma a este projeto – editores, revisores e designers – meu mais profundo agradecimento. Sua expertise e dedicação ajudaram a transformar uma ideia em um manuscrito acabado. Cada detalhe, desde a capa até a última revisão, foi aprimorado pela sua atenção e cuidado.

Um agradecimento especial vai para meus leitores, cuja orientação e conselhos foram inestimáveis. Sua sabedoria e visão ajudaram a moldar este livro e me incentivaram a continuar explorando minha voz e meu estilo.

Também gostaria de reconhecer os personagens e as histórias que povoam este livro. Eles viveram e respiraram através de minhas palavras, e é através deles que eu compartilho uma parte de mim com vocês. A cada um deles, um sincero obrigado por emprestar suas histórias e por tornar esta jornada tão rica e significativa.

Por fim, um agradecimento profundo à vida e às suas infinitas possibilidades. Cada dia é uma nova página em branco, e a oportunidade de contar histórias e de explorar o mundo através da escrita é um presente precioso.

Espero que, ao fechar este livro, você leve consigo um pedaço do que foi criado aqui. Que as histórias e as emoções ressoem em seu coração, e que você encontre inspiração e alegria nas páginas que lerá a seguir.

Com gratidão e carinho.

Victor Thiago Porto dos Santos

LIVROS DO AUTOR

AUTOR DE 14 LIVROS

VICTOR THIAGO PORTO DOS SANTOS

VENDA EM MAIS 51 PAÍSES DO MUNDO

Vendas, Dúvidas, Sugestões e Reclamações
LIVROSVTPS@GMAIL.COM

Instagram do Autor
@escritor_victorthiago

9 786553 923188

Printed at Repro India Ltd.